A INTELIGÊNCIA ARTIFICIAL É INTELIGENTE?

A INTELIGÊNCIA ARTIFICIAL É INTELIGENTE?

LUCIA SANTAELLA

70

A INTELIGÊNCIA ARTIFICIAL É INTELIGENTE?
© Almedina, 2023

Autora: Lucia Santaella

Diretor da Almedina Brasil: Rodrigo Mentz
Editor: Marco Pace
Assistentes Editoriais: Larissa Nogueira e Rafael Fulanetti
Estagiária de Produção: Laura Roberti
Revisão: Luciana Boni e Letícia Gabriella

Diagramação: Almedina
Design de Capa: Kalynka Cruz

ISBN: 978-65-5427-053-3
Março, 2023

Dados Internacionais de Catalogação na Publicação (CIP)
(Câmara Brasileira do Livro, SP, Brasil)

A inteligência artificial é inteligente?
Lucia Santaella. – São Paulo
Edições 70, 2023

Bibliografia.
ISBN 978-65-5427-053-3

1. Inteligência artificial – Filosofia
2. Teoria crítica I. Santaella, Lucia

22-139431   CDD-160

Índices para catálogo sistemático:

1. Inteligência artificial : Pensamento crítico : Filosofia 160

Inajara Pires de Souza – Bibliotecária – CRB PR-001652/O

Este livro segue as regras do novo Acordo Ortográfico da Língua Portuguesa (1990).

Todos os direitos reservados. Nenhuma parte deste livro, protegido por copyright, pode ser reproduzida, armazenada ou transmitida de alguma forma ou por algum meio, seja eletrônico ou mecânico, inclusive fotocópia, gravação ou qualquer sistema de armazenagem de informações, sem a permissão expressa e por escrito da editora.

Editora: Almedina Brasil
Rua José Maria Lisboa, 860, Conj. 131 e 132, Jardim Paulista | 01423-001 São Paulo | Brasil
www.almedina.com.br

SUMÁRIO

INTRODUÇÃO 9
A onipresença da IA. 11
O sucesso e os efeitos colaterais da IA 16
A propensão filosófica deste livro 20

CAPÍTULO 1. PANORAMA DA INTELIGÊNCIA ARTIFICIAL . 23
Chips, dados e algoritmos 26
Distinções entre programa, código e algoritmo 30
Algoritmos depois da IA 34
As tribos da IA. 37

CAPÍTULO 2. CONSCIÊNCIA NAS CIÊNCIAS COGNITIVAS . . 45
Sinopse histórica das ciências cognitivas 46
Consciência: um problema espinhoso 50
Consciências artificiais seriam possíveis? 52

CAPÍTULO 3. CONSCIÊNCIA EM C. S. PEIRCE 59
A fenomenologia segundo Peirce. 61
Um, dois, três 62
Os três elementos da consciência. 65
A consciência como lago sem fundo 66
A consciência e o cérebro. 69

CAPÍTULO 4. A IA E A QUERELA DA INTELIGÊNCIA....... 75
A inteligência humana como modelo 77
Teorias da inteligência humana 80
Inteligência definida pelos especialistas em IA........... 83

CAPÍTULO 5. INTELIGÊNCIA À LUZ DE C. S. PEIRCE....... 91
A quase-ciência da fenomenologia.................... 92
Semiose: a ação do signo 94
Por que a ação do signo é ação inteligente 98
Diferenças de grau na ação inteligente 100
Consciência e inteligência 106

CAPÍTULO 6. APRENDIZAGEM HUMANA 111
Teorias da aprendizagem tradicionais................. 112
As teorias construtivistas 119
Teorias adicionais............................... 123
As ciências da aprendizagem 126

CAPÍTULO 7. APRENDIZAGEM DE MÁQUINA............ 129
Tipos de aprendizagem 133
AP como subconjunto da AM....................... 135
Ausência de consenso............................ 138
O protagonismo humano e o enredamento ético 139

CAPÍTULO 8. OS PESOS NA BALANÇA DA INTELIGÊNCIA .. 143
A precocidade da aprendizagem humana 145
Os pesos na balança do humano...................... 147
Os pesos na balança dos algoritmos 150
Dos pesos às fragilidades.......................... 152
Similaridades entre aprendizes 155
Imaginação, criatividade e emoções 158
Balanço final................................... 163

REFERÊNCIAS 167

INTRODUÇÃO

Reza uma introdução que ela deve começar por uma definição, mesmo que ainda provisória, do tema de que tratará um livro. Portanto, segue-se aqui o que se entende por Inteligência Artificial (IA). Sem irmos muito longe, o site da IBM contém uma apresentação breve, mas certamente confiável da IA, munida de uma série de *links* os quais remetem a um aprofundamento seguro de seu conteúdo. Começa com uma chamada telegráfica "A inteligência artificial potencializa computadores e máquinas para imitar os recursos da mente humana para solucionar problemas e tomar decisões." Cita, a seguir, o antológico livro de Russel e Norvig (2010) e os quatro objetivos ou definições de IA: dois relativos a uma abordagem humana, a saber, sistemas que pensam como pessoas e sistemas que agem como pessoas; dois relativos a uma abordagem ideal, ou seja, sistemas que pensam racionalmente e sistemas que agem racionalmente. Aos olhos atuais, esses objetivos fundamentalmente racionalistas precisariam ser complementados por sistemas que sentem como pessoas, ou melhor, simulam sentir como as pessoas. De fato, esse é um tema que tem levantado muita poeira desde que o novo robô conversador, o LaMDA (sigla em inglês para Modelo de Linguagem para Aplicativos de Diálogo), foi divulgado por seu desenvolvedor e cuidador, Blake Lemoine, ex-engenheiro do Google (ver HERNÁNDEZ, 2022). Certamente, que a máquina seja capaz de sentir ou não é tema que esbarra no problema da inteligência e será abordado oportunamente.

A INTELIGÊNCIA ARTIFICIAL É INTELIGENTE?

Por enquanto, prossigamos na busca de uma definição inicial de IA que nos é fornecida por Webb (2020, p. 13). Para ela, a IA é um sistema que toma decisões autônomas. Para isso, tem por tarefa executar ações repetidas ou, então, "simular a inteligência humana como reconhecer sons e objetos, resolver problemas, compreender a linguagem e usar a estratégia para atingir objetivos. Alguns sistemas de IA são gigantescos e realizam milhões de cálculos por segundo." Há outros, entretanto, que são específicos e se destinam a uma única tarefa, como detectar linguagem imprópria em alguns e-mails.

Outra definição ainda suscinta, mas mais detalhada, é apresentada pela IBM (2020) quando afirma que, em sua forma mais simples, a IA é um campo que combina a ciência da computação a conjuntos de dados robustos para permitir a resolução de problemas. Ela também engloba os campos secundários de *machine learning* e *deep learning*, que são frequentemente mencionados com ela. Essas disciplinas são compostas por algoritmos de IA que buscam criar sistemas especializados e capazes de fazer previsões ou classificações com base em dados de entrada.

Assim são descritas brevemente a aprendizagem de máquina (AM – *machine learning*) e a aprendizagem profunda (AP – *deep learning*), os subcampos da IA e, na verdade, a AP como um subcampo da AM. Não obstante a IA seja comumente reduzida à AM e à AP, não sem razão, pois são as técnicas com aplicações mais bem sucedidas, é preciso ficar claro que as pesquisas em IA são mais amplas do que AM ou AP. A IA abrange uma grande variedade de teorias e tecnologias. Ela também não se refere apenas às ciências da computação e matemática. Contribuições importantes vieram de campos como economia, neurociência, psicologia, linguística, engenharia elétrica, matemática e filosofia (TAULLI, 2020, p. 35).

Portanto, quando se fala em IA, deve-se considerar que ela apresenta um amplo espectro de domínios que, segundo Mueller e Massaron (2020, p. 76), englobam a vida artificial, o raciocínio automatizado, a automação, a computação bioinspirada, a mineração de conceitos, a mineração de dados, a filtragem de e-mails, os spams, o sistema híbrido de inteligência, os agentes e controles inteligentes, a representação de conhecimentos, os processos judiciais, a robótica baseada em

INTRODUÇÃO

comportamentos, a cognição, a cibernética, a robótica de desenvolvimento (epigenética e robótica evolucionária), a web semântica, e isso não é tudo. A tendência a se limitar a IA à AM e especialmente à AP deve-se ao grande sucesso aplicativo que essas técnicas têm apresentado. Os principais aplicativos são também descritos no site da IBM, tais como: reconhecimento de voz, atendimento ao cliente, visão computacional, mecanismo de recomendação e negociação de ações automatizadas.

Ao leitor que tem interesse em chegar um pouco mais perto de alguns pormenores sobre os dados, que são a força vital da IA, sobre os tipos de algoritmos que operam para que a AM e a AP atinjam seus alvos, sobre a função das redes neurais artificiais que estão na base da AP, há livros escritos por especialistas para leigos (por exemplo, TAULLI, 2020; MUELLER e MASSARON, 2020) que se deram ao trabalho de tornar as complexidades da IA relativamente inteligíveis para aqueles que desejam se inteirar do assunto sob o inevitável ponto de vista de um olhar de fora.

A par disso, os capítulos deste livro estarão dedicados à discussão específica da inteligência tanto humana quanto artificial e dos conceitos de pensamento e mente, especialmente o conceito de consciência, que com elas costumam estar confusamente entremeados. Uma vez que, para segui-los, é necessária uma base mínima de compreensão do funcionamento particularmente da AM e da AP, essa preocupação estará presente oportunamente em algumas passagens deste livro e, em especial, nos capítulos 1 e 7.

A onipresença da IA

Como também cabe a uma introdução, prosseguiremos com um panorama dos efeitos socioculturais, psíquicos e mesmo ontológicos que a IA está provocando. Nunca é demais repetir que se tornou impossível ignorar a IA hoje. Praticamente quase tudo que chega até nós no cotidiano já está impregnado de algoritmos de IA: livros, filmes, notícias, jogos, motores de busca e todas as plataformas e aplicativos da Web com os quais aprendemos a conviver e sem os quais ficaria difícil viver. Ela também se faz presente nos robôs, tanto nos chats quanto nos robôs humanoides, incrementados com padrões emocionais facilitadores da interação com os humanos. Está nos carros autônomos, nos drones, nos sistemas médicos, no governo, nos sites de compras *online*, no escritório, no banco e em muitos outros ambientes. Mais do que isso: ela está na internet das coisas, algo a ser mais fomentado no Brasil com a implantação do 5G. Estará também em nossas roupas e corpos por meio do desenvolvimento dos sensores. Emaranhados de IA estarão presentes nos avatares e nos ambientes virtuais do Metaverso. Há IA, inclusive, fora do planeta, com os robôs enviados ao planeta Marte e à Lua ou nos satélites que orbitam no espaço. De resto, é a IA que permite chegar ao nosso *smartphone* a imagem de um buraco negro no cosmos infinito.

Não vem do acaso a declaração de Webb (2020, p. 2) de que estamos em meio a uma transformação descomunal que está revirando as próprias noções que tínhamos de mundo, não sendo, portanto, de se estranhar o alvoroço cultural sensacionalista que tem acompanhado a emergência das aplicações da IA. Uma das razões para o alvoroço encontra-se no fato de que a performance dos algoritmos é invisível. Tudo se passa por baixo de pequenos aparelhos aparentemente inofensivos. Compartilhamos nosso espaço de vida com eles, não apenas nos pequenos gestos para colocá-los em execução e que podemos controlar, ou seja, a famosa interatividade, mas, sobretudo, nos sistemas complexos cuja presença e atividade sequer podemos perceber. Convivemos com os efeitos, sem que tenhamos ou possamos ter visibilidade das operações da performance algorítmica.

Accoto (2020, p. 25-36) dedica várias páginas de seu livro à discussão da invisibilidade do *software* e, consequentemente, dos algoritmos. De fato, os *softwares* e o que se passa dentro deles não podem ser entendidos com os nossos cinco sentidos. Não é possível "ver, tocar, cheirar e ou sentir o *software*". Além disso, "as tecnologias que mais afetam a existência humana são aquelas que, ao se tornarem familiares, desaparecem da vista como tais, tornando-se indistinguíveis da própria vida. Quem hoje pensaria, por exemplo, no livro como uma

INTRODUÇÃO

tecnologia?" Portanto, não se trata apenas de não estarmos dotados da capacidade da visibilidade, mas, com certeza, do fato de tal visibilidade não ser facilmente acessível, uma vez que as técnicas de IA em nada se assemelham a um game cujas regras, no ato de jogar, vamos aprendendo a manipular.

Ao contrário, a IA se constitui hoje em uma área de pesquisa e de conhecimento extremamente complexa. Para dar um mínimo de conta dessa complexidade, basta nomear apenas alguns termos do seu jargão científico: método simbolista, programa genético, dedução inversa, regressão linear, *backpropagation*, probabilidade bayesiana, métodos estatísticos, modelagem preditiva, e por aí vai. De fato, ao leigo, tudo isso soa como sânscrito. Boden (2020, p. 67) afirma que a AM depende atualmente de técnicas matemáticas assustadoras que envolvem a teoria das probabilidades e estatísticas. Isso apenas demonstra que se trata de um domínio de pesquisa da alçada de especialistas capacitados.

Para alguns especialistas, Stocker (2021, p. 106) por exemplo, "a nossa IA é pouco mais do que mineração de dados em esteroides. Ela olha os dados (quantidade massiva de dados), quebra-os em pequenos pedaços, compara-os, reconhece padrões e os correlaciona para chegar a conclusões estatísticas. Por que, então, falamos tanto em IA?" Falamos porque, também na percepção dos especialistas, trata-se de

uma tecnologia extremamente poderosa acompanhada por uma ruptura paradigmática com sérias consequências que oferecem uma bifurcação no passo tomado pela revolução digital (...), pois a IA está tomando a regra do jogo para si mesma sem supervisão. Isso marca a transição, ou melhor, o desenvolvimento da automatização como um princípio básico da digitalização para uma autonomização dos sistemas eles mesmos, quer dizer, sistemas que agem de acordo com seus próprios conjuntos de regras ou leis sobre um campo particular e se autogovernam. E não sabemos o que significa ter sistemas tecnológicos autônomos. Não temos paradigmas culturais para lidar com isso (STOCKER, 2021, p. 105-106).

Vem daí a segunda razão para o sensacionalismo das ideias, imagens e representações na maior parte das vezes recheadas de imaginação que povoam o nosso dia a dia com filmes, audiovisuais da internet e até mesmo notícias jornalísticas tidas ingenuamente como confiáveis, além de pessoas pouco conhecedoras que se aventuram em discursos que ficam longe da competência necessária para tratar do tema. Assim, já que não podemos ver como a IA age, ela aparece aos leigos quase sempre encarnada em robôs tirânicos ou em narrativas de destruição da autonomia humana pelo controle maquínico sobre o planeta e o universo. Mudam os tempos, correm muitas águas, infindas voltas da Terra em torno de si, mas o imaginário tecnológico ainda continua preso às imagens agigantadas e amedrontadoras do filme *Metropolis* (FRITZ LANG, 1927). A ironia é que as máquinas se transformaram em aparelhos e dispositivos cada vez mais inteligentes e miniaturizados como os smartphones que costumamos colocar, companheiros insepa-ráveis, debaixo do travesseiro antes de dormir, nossos gêmeos siameses.

De qualquer maneira, uma coisa é certa: a IA está aqui, lá, acolá, onipresente. Não é uma distração ou moda tão passageira quanto as chuvas de verão. "Ela é a espinha dorsal silenciosa de nossos sistemas financeiros, fornecimento de rede elétrica e cadeia de suprimento de varejo." Sem ela não sabemos mais nos mover no trânsito. É ela que identifica o significado correto em nossas palavras equivocadas e dire-ciona o que devemos ver, ouvir, ler e comprar. "Ela é a tecnologia sobre a qual o nosso futuro está sendo alicerçado, porque permeia todos os aspectos de nossas vidas: saúde e medicina, transporte, moradia, agri-cultura, esportes e até mesmo amor, sexo e morte" (WEBB, 2020, p. 1-2).

Diante da falta de paradigmas culturais para lidar com tudo isso, o ser humano busca abrigo nas metáforas. Quando se vê em situações novas e inesperadas, portanto, ainda não incorporadas no acervo da cultura, é tendência humana procurar analogias com situações passa-das. Nesse caso, que não é o das artes e da poesia que incrementam e revelam o real estatuto do novo, as metáforas servem para domesticar o novo e muitas vezes para dissimular a ignorância. Por isso, hoje, são abundantes as metáforas concernentes à IA, em uma tentativa precá-ria de dar conta da "criação de sentido, de percepção, sentimento e cognição coproduzidas pelas interações humanas com as pistas visuais (*affordances*) e infraestruturas que as tecnologias apresentam"

INTRODUÇÃO

(GILMAN e GANESH, 2021, p. 206). Também é preciso lembrar do poder das metáforas, ainda nesse caso, para obscurecer, deliberadamente ou não, as condições materiais e políticas da produção e propriedade dos dados que se constituem, com desculpas pela metáfora, no petróleo que faz a IA funcionar.

Baseada em uma pesquisa de imagens e audiovisuais realizada pela artista Serife Wong (apud GILMAN e GANESH, 2021, p. 207), do lado oposto do monstruoso, como uma prova de que os extremos são a válvula de escape da ignorância, há uma predominância de representações que apresentam a IA como uma força criativa divina – uma conexão entre o humano e o transcendente. Há até um certo lampejo evocativo de uma criação do tipo Frankenstein ou, então, a imagem da criação de Adão de Michelangelo como se a tecnologia fosse uma salvadora da humanidade com poderes sobre a natureza: robôs e humanos dando-se as mãos como se a IA fosse nossa parceira, quase humana. Mas pensar, dizer ou representar visualmente a IA como bondosamente aliada implica o seu oposto, a IA como maléfica que também encontra suas formas de representação, de que a internet está recheada, nas imagens em cores frias como azul, verde e roxo, criando a percepção de que a IA é não humana e forasteira, proveniente de plagas desconhecidas. Ao fim e ao cabo, a contradição entre o bem e o mal é indicadora do pouco entendimento que reina sobre a IA e do desconforto que ela está provocando em nossos esquemas pregressos de compreensão e adaptação à realidade.

Por que a IA é tão nova e desconfortável? Distinta das muitas tecnologias da comunicação e informação, provenientes da revolução industrial e pós-industrial, a IA desafia a noção que o humano tem de si mesmo, obrigando-nos a buscar conceitos novos e mais adequados sobre nós mesmos. Pensar sobre a IA hoje é simultaneamente pensar sobre o humano. Em que medida ela ajuda o humano a se redescobrir. Isto se dá porque ela nos ajuda a avaliar os potenciais e limites do humano frente aos potenciais e limites da IA, este o objetivo mestre deste livro que se propõe colocar em discussão a inteligência humana no confronto com a IA e o que isso nos leva a pensar sobre a condição humana no contemporâneo.

O sucesso e os efeitos colaterais da IA

Sem dados e outros incrementos, inclusive sem a materialidade sofisticada dos chips e dos transistores, da indústria dos semicondutores, a IA não teria o sucesso que tem. Os dados são fornecidos pelos usuários nas variadas redes da internet, não apenas as sociais. A internet agora gera e distribui novos dados em quantidades exorbitantes. Há dois anos, nossa produção diária de dados estava estimada em torno de 2,5 quintilhões (um número com dezoito zeros) de bytes, sendo a maior parte de dados não estruturados, como vídeos e áudios. Todos esses dados estão relacionados com atividades humanas, sentimentos, experiências e relações do dia a dia. Não é de se duvidar que esse número deve ter crescido enormemente nos dois últimos anos. Mas, continuando com 2020, só para exemplificar: por dia, o Google realizava 3.607.080 pesquisas, os usuários do Twitter enviavam 456 mil tuítes, os usuários do YouTube assistiam a 4.146.600 vídeos, as caixas de entrada recebiam 103.447, 529 e-mail spam, o canal do tempo recebia 18.055.555.56 solicitações de clima. (MUELLER e MASSARON, 2020, p.24, 26, 35). Isso é big data. Sem a IA, embora não possamos considerá-los como dados neutros, esses dados não passariam de dados mortos, ou melhor, inconsequentes.

Alimentadas por dados, em não mais do que cinco anos, de 2011 a 2016, as maiores empresas do mundo por capitalização passaram a ser as empresas de tecnologias (Apple, Alphabet, Microsoft, Amazon e Facebook) que dominam a tal ponto o universo dos *softwares* e da IA que passaram a adquirir o caráter de plataformas. Os estudos críticos sobre a soberania que exercem tornaram-se bastante conhecidos, como, por exemplo, Srnicek (2017), Van Dijck (2017), Zuboff (2019) e Nick Couldry e Ulisses Mejias (2019).

Cada ação que realizamos nas redes provoca duas consequências: a interação nos permite obter o que buscamos, mas essa mesma interação "ensina a máquina a aprimorar o conhecimento que ela tem de nós e do mundo" (ACCOTO, 2020, p. 111). Não obstante fiquem para nós nas sombras dos dados, que são processados e algoritmicamente manipulados, germinam os nossos perfis sintéticos que o Google,

INTRODUÇÃO

exemplarmente, identifica, conforme Stalder (2021, p. 94-95), de acordo com três níveis: 1. Como uma pessoa conhecedora (que se informa sobre o mundo, o que é conseguido graças ao registro das buscas que fazemos, nosso comportamento buscador). 2. Como uma pessoa física que é localizada e se move no mundo (um componente estabelecido pelo rastreamento de nossa localização por meio de nosso celular, o que fica muito claro quando usamos o Uber, ou por sinais do corpo). 3. Como uma pessoa social que interage com outras pessoas (uma faceta que pode ser determinada, por ex., seguindo nossas atividades nas redes sociais).

Conclusão, não somos mais individualidades, no sentido de identidade espacial e temporal uniforme. Ao contrário, perfis se constituem, de um lado, em fragmentos de comportamentos registrados que são avaliados na base de buscas particulares que não podem prometer nos representar como um todo. Por outro lado, somos feixes de uma pessoa múltipla, de modo que, quando estamos sendo modelados, podemos simultaneamente ocupar diferentes posições no tempo. "As diferenças temporais possibilitam predições do seguinte tipo: uma pessoa que fez ou desejou X, com uma probabilidade Y, irá se engajar em uma atividade Z. É assim que a Amazon faz suas recomendações," o que é repetido por outros provedores engajados algoritmicamente que têm devotado crescentemente recursos às capacidades prognósticas de seus programas de modo a tornar obsoleto o passo confuso e o gasto de tempo de nossas buscas. (ibid.)

Tudo isso fez também nascer o movimento do "eu quantificado" que, segundo Accoto (2020, p. 69), está relacionado à quantificação do corpo, o corpo como "dado" que é definido de várias maneiras: "autorrastreamento (*self-tracking, body-tracking*), informática pessoal (*personal informatics*), análise humana (*people analytics*), vida rastreada (*lifelogging*), vida transformada (*life hacking*), vida instrumentada (*instrumental life*), corpo computável (*computable body*)". Todos esses fatores em conjunto podem ser sintetizados na expressão "vida dataficada".

Em Santaella (2021, p. 139-154), descrevi nosso perfilamento e modelagem contínua nas redes sob o nome de "nossos gêmeos digitais", analisando o mal-estar do duplo que esses gêmeos fazem emergir. Paradoxalmente, ao mesmo tempo que não estamos dispostos a abdicar das facilitações pragmáticas e recompensas psíquicas que o nosso mimoso *smartphone* nos propicia, saber que estamos sendo digitalmente modelados, na constituição de uma existência especular, provoca uma espécie de *Unheimlich*, o inquietante estranhamento do familiar que foi estudado por Freud. Tais consequências, contudo, estão apenas na primeira camada dos efeitos colaterais da IA. Há outras camadas bastante preocupantes.

A sede irrestrita por novos recursos e campos de exploração cognitiva levou a uma busca por camadas cada vez mais profundas de dados que podem ser usados para quantificar o psiquismo humano, consciente e inconsciente, privado e público, idiossincrático e geral, no modo como temos visto a emergência de múltiplas economias cognitivas da economia da atenção, a economia da vigilância, a economia da reputação e a economia da emoção, tanto quanto a quantificação da confiança e da evidência por meio das cripto-ocorrências. Os processos de quantificação estão alcançando os mundos humanos afetivos, cognitivos e físicos. Conjuntos de treinamento existem para detectar emoções, semelhanças familiares, rastrear um indivíduo conforme envelhece, e ações humanas como sentar-se, acenar, levantar os óculos ou chorar. Toda forma de biodados – incluindo os forenses, a biométrica, sociométrica e psicométrica estão sendo capturadas e armazenadas em bases de dados para o treinamento da IA. (CRAWFORD e JOLER, 2021a, p. 139)

O imenso sucesso pragmático que a IA tem alcançado, junto evidentemente de sua falibilidade que não é nenhuma novidade em quaisquer áreas de conhecimento, em especial, nesse caso, as externalidades negativas ou vieses de muitos de seus resultados, tudo isso tem chamado a atenção dos críticos da ciência e da sociedade, expressa em uma profusão de textos voltados para as questões éticas e de proteção dos direitos humanos. Está plenamente divulgado que algumas máquinas treinadas em dados gerados por humanos já aprenderam vieses e estereótipos traiçoeiros (AGRAWAL et al, 2018, p. 19). Vem daí, afirma Accoto (2020, p. 106), "a necessidade de uma *accountability*

INTRODUÇÃO

e de uma auditoria dos algoritmos (ou seja, conhecimento responsável, compartilhado e transparente)". Além disso, por conta dos avanços ininterruptos da IA e do fato de trazer a novidade de se imiscuir em questões relativas à inteligência, ao agir nas decisões e, mais recentemente, nas próprias emoções, anteriormente privilégios exclusivos das habilidades humanas, todo o campo da IA vem sendo submetido à necessidade de regulamentação protetora que tem ocupado vários setores do domínio governamental e público, contando com a participação institucional ativa em vários países. Há hoje, inclusive, especialistas dedicados especificamente a esse tema.

Os efeitos colaterais negativos não param aí. Em uma síntese de seu livro *Atlas of AI*, Crawford (2021), em um artigo que conta com a coautoria de Joler (2021a e 2021b), coloca o dedo nas feridas mais fundas da IA. Trata-se da denúncia do extrativismo, termo criado por Sandro Mezzada e Brett Nielson para designar a relação entre diferentes formas de operações extrativistas no capitalismo contemporâneo e que comparecem repetidamente nas críticas à IA. Segundo Crawford e Joler (2021a, p. 115, 117), há três processos extrativistas requeridos para rodar um sistema de IA de larga escala: recursos materiais, trabalho humano e dados. Qual a diferença entre a IA e outras formas de consumo de tecnologia? A IA ingere, analisa e otimiza a imensa quantidade de imagens, textos e vídeos gerados pelo ser humano. Basta tomar como exemplo a *Alexa* do Google para que as operações extrativistas fiquem explicitadas.

Por estar na nuvem, essa assistente virtual é capaz de ficar cada vez mais inteligente pela adição de cada nova chamada e resposta. Em cada audição, ela é treinada para ouvir melhor, interpretar mais precisamente, acionar atos que mapeiam mais acuradamente os comandos do usuário e construir um modelo mais completo das preferências, hábitos e desejos do usuário. Mas o que isso custa? Ao responder a uma questão, acender uma luz ou colocar uma canção para tocar, esse robô tão prestativo requer uma rede planetária extrativista de materiais não renováveis, trabalho e dados. A escala de recursos requeridos é de grande magnitude (CRAWFORD e JOLER, 2021a, p. 113). Há o trabalho humano subpago, a logística, os dados produzidos processados e monetizados "assim como a obscena quantidade de gasto de energia necessário para dar boas-vindas a uma espiã, empoderada com IA, dentro de sua casa" (ibid., 2021b, p. 234).

No seu livro *A geology of media*, Parikka (2015) sugere que devemos pensar as mídias não sob o ponto de vista de McLuhan como extensões dos sentidos, mas também como extensões da Terra, no contexto de processos geológicos, o que nos permite considerar o profundo esgotamento de recursos não renováveis requeridos para gerir as tecnologias do presente. Há dezessete elementos raros que estão embalados em nossos *smartphones* para torná-los mais leves e menores, uma leveza paradoxal já que subsidiada por trabalho quase escravo em regiões longínquas do planeta. A relação entre tecnologia e sua materialidade, ambiente e diferentes formas de exploração estão imbricadas. Tudo isso transforma o usuário simultaneamente em um consumidor, um recurso, um trabalhador e um produto, uma múltipla identidade (CRAWFORD e JOLER, 2021a, p. 117, 129, 133).

A propensão filosófica deste livro

Sem minimizar a extrema importância dos combates ao estado de coisas profundamente inquietante da IA, o que o presente livro está colocando em pauta – se a IA é inteligente –, tem, evidentemente, um cunho muito mais filosófico com repercussões socioculturais do que um cunho técnico, de um lado, ou especificamente crítico, de outro. Embora não contenha, de fato, uma discussão estritamente filosófica, é perceptível a presença de uma intenção, ou melhor, uma propensão filosófica. Consequentemente, a pergunta de que o livro parte, se há inteligência na IA, não deve ser do interesse profícuo dos especialistas engajados na pesquisa para o avanço da ciência, nem dos críticos políticos de plantão. Mas não é isso que importa aqui, a saber, chamar a atenção dos especialistas ou dos críticos radicais. O que importa é desenvolver um discurso que seja capaz de trazer alguma contribuição para uma adaptação humana às novas condições de sua existência. Para isso, deve-se considerar que uma discussão filosoficamente orientada

INTRODUÇÃO

sobre a IA não pode ficar flutuando em um espaço sideral, sem buscar seu apoio em um mínimo de conhecimento da área, do estado da arte das pesquisas e das técnicas que são utilizadas.

Portanto, alguns dos capítulos deste livro, mesmo sem entrar nos detalhes sofisticados da área, darão atenção a isso. Ao mesmo tempo, não há como ocultar que as coisas não são de modo algum simples. Falar de inteligência é colocar a mão em uma cumbuca e a cabeça em um campo minado de controvérsias, sobretudo porque o conceito de inteligência costuma vir confusamente mesclado aos conceitos de consciência, mente, pensamento e também de aprendizado. Portanto, para evitar opacidades e mistificações, antes de tudo, temos que recorrer a argumentos meticulosos, não apenas a intuições precipitadas, mesmo quando os argumentos mostram que não existem respostas indiscutíveis para nossas perguntas.

Ademais, trata-se de uma maneira de enxergar a IA um pouco mais por dentro, como meio para evitar a sua demonização ou promessas infundadas, ou ainda a preocupação exclusiva com as armas de defesa contra suas externalidades negativas. Atenção ao que ela faz e aos seus limites é uma maneira de estar alerta tanto àquilo que ela realmente é quanto às suas externalidades positivas que também existem. É preciso equilibrar os pesos da balança. Nunca é demais chamar atenção para a onipresença da IA tanto quanto nunca é demais desenvolver trabalhos apoiados no rigor da pesquisa para desobstruir os obstáculos que o imaginário coletivo tem interposto a uma melhor compreensão do estado da arte da IA, seus potenciais, limites e perspectivas futuras (ver KAUFMAN, 2022a).

A pergunta que está no título deste livro foi objeto de uma discussão preliminar em Santaella (2022, p. 256-265). O tema me capturou a ponto de buscar um aprofundamento que me trouxe a este livro. Para começar, adianto que, se o leitor estiver imbuído de certeza peremptória de que a inteligência artificial não é inteligente, sugiro que abandone o livro por aqui. De outro lado, se estiver munido de curiosidade, sou levada a avisar que o caminho exige enfrentar a complexidade do fenômeno da inteligência. Trata-se de uma questão que tem ocupado há um bom tempo a preocupação em especial de filósofos, psicólogos, cognitivistas e educadores, mas que, para evitar dispersões nebulosas, será aqui tratada na moldura dos problemas apresentados pela IA. Do meu ponto de vista, a IA não está precisando de revoadas de pássaros teóricos disparatados, mas, sim, de sobriedade, ou seja, de recortes objetivos, precisos e claramente expostos para a discussão. Desse esforço este livro buscou se impregnar.

É justamente a IA que está provocando com ênfase a re-emergência das discussões sobre inteligência, nas quais este livro se insere. A IA está nos ensinando que a mente humana é muito mais rica, e muito mais sutil, do que se supunha, e essa é uma lição que devemos aprender com a IA (BODEN, 2020, p. 64). Nessa medida, conhecê-la é um modo de conhecermos melhor a nós mesmos, o que traz justificativas adicionais para a existência deste livro.

CAPÍTULO 1

PANORAMA DA INTELIGÊNCIA ARTIFICIAL

Um grande número de textos sobre IA começa com o seu histórico. Apesar de que informações sobre isso possam ser encontradas sem dificuldade, seguirei a praxe, mas de forma muito breve, tomando como referência Holmes et al. (2019, p. 196-206). Tudo deve ter começado no alvorecer das ciências cognitivas, nas conferências realizadas no Dartmouth Center, nos Estados Unidos em 1956. A meta dessas conferências estava direcionada para o estabelecimento das bases que pudessem levar ao desenvolvimento de uma ciência da mente sob o modelo do computador digital. Dessa ideia de que o computador poderia ser tomado como um modelo para entender a mente e o cérebro humanos brotou a IA, cuja expansão interdisciplinar deu origem àquilo que passou a ser chamado de ciências cognitivas ou ciência cognitiva, como querem alguns. No campo da IA, John MacCarthy foi quem ganhou fama por ter insistido com os colegas, todos muito importantes, tais como Marvin Minsky, Allen Newell e Herbert Simon, entre outros, de que o nome do novo campo de conhecimento deveria ser a IA.

Desde então, o desenvolvimento da IA passou por altos e baixos. Como era de se esperar, quando os ventos sopravam contra, as verbas decresciam e vice versa. Desde o início, a pesquisa concentrou-se no Massachtusetts Institute of Technology (MIT), nas Carnegie Mellon University e Stanford University que, até hoje, se mantêm na liderança no campo, embora as pesquisas em IA não tenham se limitado a esses centros.

A INTELIGÊNCIA ARTIFICIAL É INTELIGENTE?

São variadas as vias históricas que podem ser seguidas, mas, para nos mantermos fieis a Holmes et al. (ibid.), seguiremos suas trilhas: 1) sistemas baseados em regras; 2) computadores que jogam games; 3) visão computacional; e 4) processamento de linguagem natural (ver também SANTAELLA, 2019, p. 11-26 e 2022, p. 246-251).

O exemplo mais citado que foi implementado na trilha do sistema baseado em regras é ELIZA, um programa de conversação que não iria muito longe, mas do qual foi derivada uma nova onda em voga no final dos anos 1980 e início de 90 chamada de "Sistemas Especialistas" (*Expert systems*), sempre baseados em regras dedutivas do tipo "se... então", as quais, com o tempo, certamente se multiplicaram em sistemas mais robustos, por centenas de "se...então". Um ponto positivo nesses sistemas é sua resiliência contra o erro. Mas os sistemas especialistas dependiam da aquisição de conhecimento extraído de pessoas especializadas em áreas específicas. As dificuldades que isso impunha não levaram à extinção da proposta, pois, de acordo com Holmes et al. (ibid., p. 199), agora incrementada por novas técnicas de IA, ela continua a ser utilizada, por exemplo, em contextos como manufatura, agricultura, engenharia etc.

A trilha dos computadores que jogam games esteve nos interesses dos desenvolvedores desde o início da IA. Estavam na mira jogos de xadrez, por exemplo, que tentavam replicar como os humanos jogam, inclusive utilizando sistemas que faziam uso de técnicas estatísticas para avaliar a escolha de movimentos de acordo com o resultado de um grande número de jogos prévios. Tudo isso culminou no *Deep Blue* da IBM que venceu Boris Kasparov, o grande mito do xadrez e, então, o *Deep Mind*, do Google que, com grande impacto, venceu o maior jogador de *Go* do mundo, Lee Sedol.

A visão computacional foi uma grande aquisição. Começou com a tentativa de identificação de cantos, margens e blocos de faces que falharam. Seu desenvolvimento foi lento, mas hoje, graças aos avanços da Aprendizagem Profunda (AP – *Deep Learning*), os computadores são capazes de processar e detectar objetos em imagens e vídeos de um modo similar aos humanos. Além do reconhecimento de padrões e de objetos, avanços também incidem sobre o reconhecimento facial. Este

CAPÍTULO 1. PANORAMA DA INTELIGÊNCIA ARTIFICIAL

requer técnicas capazes de detectar expressões distintas, variações de pose, oclusões e resoluções quer em imagens estacionárias, quer nas sequências de imagens em vídeo (SINGH e PRASAD, 2018).

A quarta trilha examinada por Holmes et al. (2019, p. 200-201) diz respeito ao processamento de linguagem natural. Este começou com os esforços voltados para a tradução de línguas. Não obstante as línguas tenham "uma estrutura subjacente estável, as diferenças na superfície são inumeráveis e as ambiguidades múltiplas, assim que uma regra é codificada, uma exceção é identificada e outra regra se torna necessária, em um ciclo aparentemente interminável. Apesar das dificuldades, as redes neurais artificiais hoje levam a aplicações que incluem análise de sentimento, por meio de modelos de IA capazes de detectar o tipo de sentimento que um texto ou a fala expressam. Esses modelos são muito utilizados nos *chat-bots* de modo a habilitá-los a compreender e dar respostas coerentes às perguntas humanas.

Embora invisível, hoje a IA distribui-se em uma série de aplicações que acompanham nossa vida diária, tais como o controle dos filtros de spam, os sistemas de recomendação da Amazon, os *streamings* de filmes e o comércio *online*. A IA também está presente nos serviços legais e financeiros, assim como nos veículos autônomos, no autojornalismo, no diagnóstico médico e por aí vai.

Lee (2019, p. 131) apresenta um brevíssimo apanhado das revoluções da IA em quatro ondas: IA da internet, IA de negócios, IA da percepção e IA autônoma, com diferenças entre elas nos modos como tiram proveito do poder da IA, mas convergentes no aprofundamento da inserção da IA em nossa vida diária. Já estamos imersos nas duas primeiras ondas, notável na intensificação do controle das empresas de internet a nosso serviço, "substituindo consultores por algoritmos, negociando ações e diagnosticando doenças". A IA da percepção, por sua vez, "está agora digitalizando o mundo físico, aprendendo a reconhecer nossos rostos, entender nossos pedidos e 'ver' o mundo ao nosso redor". Já está, de fato, acontecendo, três anos depois da publicação do livro, o prognóstico de que essa onda está revolucionando "a maneira como vivenciamos e interagimos com o nosso mundo" que se tornou crescentemente *on/life*, expressão cunhada por Luciano Floridi.

A IA autônoma, que também já está chegando, trará carros e drones autônomos, robôs substituindo o trabalho braçal humano, e, com isso, tudo se transformará. Muito provavelmente, se fosse hoje, Lee estaria certamente acrescentando na sua quarta onda o Metaverso com as suas dobras de realidades paralelas.

Chips, dados e algoritmos

A IA está aliada à dupla inseparável dos dados e dos algoritmos. Mas falar em dados e algoritmos pressupõe falar de chips. Hoje, presenciamos ao nascimento de uma nova arquitetura para o setor de chips de computadores. Chips são elementos miniaturizados feitos de material semicondutor com numerosos circuitos integrados. São esses circuitos que permitem o desenvolvimento de várias funções desempenhadas pelos dispositivos eletrônicos. Com as máquinas modernas, com as técnicas da eletrônica e dos circuitos integrados, o artefato computacional miniaturizou-se a ponto de se tornar impalpável: o chip, no coração da máquina, mede apenas alguns milímetros quadrados. A olho nu, é quase indistinguível, no máximo uma irisação similar àquela que se observa na superfície de um disco a *laser*. Esse pequeno arco-íris é visível "apenas sob certos ângulos, sabiamente combinados por milhares de engenheiros e técnicos, depois fabricados por processos complexos, durante os quais ínfimas quantidades de matéria são depositadas umas sobre as outras, segundo uma ordem perfeitamente regrada" (GANASCIA, 1995, p. 11). É incessante a corrida para projetar e construir uma nova geração de chips milhares de vezes mais rápidos e eficientes do que os que são atualmente simulados em computadores de uso geral (SEJNOWSKI, 2019, p. 223). Essa corrida justifica-se pela necessidade que os algoritmos avançados de IA estão impondo. O que esses algoritmos processam são dados que hoje entraram na era do big data.

Big data se refere a quantidades grandes e complexas de dados de computador, tão grandes e intrincadas que as aplicações não conseguem lidar com os dados apenas pelo uso de armazenagem adicional ou pelo aumento da capacidade do computador. A internet gera e distribui

CAPÍTULO 1. PANORAMA DA INTELIGÊNCIA ARTIFICIAL

novos dados em quantidades crescentes a cada ano. Antes mesmo do recente entusiasmo com a IA, havia a euforia em torno do big data. A variedade, a quantidade e a qualidade dos dados foi aumentando substancialmente nos últimos vinte anos. Entre outras razões, isso se deve ao fato de que textos, imagens, sons e audiovisuais passaram para o formato digital, enquanto os sensores que também capturam dados foram se tornando onipresentes.

O poder exponencial de processamento dos chips computacionais orientado pela indústria dos semicondutores, o aumento do poder de cálculo dos computadores por segundo, o crescimento, sem pausa, da performance acompanhada pelo barateamento dos custos também na área de armazenamento, tudo isso formou a base material para um número crescente de atividades desempenhadas pelos algoritmos. Chegamos em um ponto em que a distinção de Leibniz entre funções mentais criativas e cálculos simples está se embaralhando e abrindo caminho para que máquinas possam analisar os dados por meio do processamento dos algoritmos, sem os quais a IA não poderia existir, pois é nos dados que ela encontra sua força vital. Cria-se um círculo virtuoso entre dados e algoritmos de que a IA se alimenta.

Segundo Domingos (2017, p. 24), no passado, a tecnologia era regida pelas leis da física; no século 20, o mundo físico passou a ser entendido com equações diferenciais e a matemática das variáveis contínuas, que variam paulatinamente no tempo e no espaço. Na mesma linha, Ganascia (1995, p. 12) complementa que a mecânica, a dinâmica, a termodinâmica e a hidráulica já não são de grande ajuda; tudo se trama agora num plano abstrato em que a física quântica, a matemática e a lógica formal exercem um papel chave. Hoje, a tecnologia é regida por algoritmos: no século 21, entender a essência da complexidade na ciência da computação e na biologia depende do uso de algoritmos e da matemática de maneira independente ou em interação. Embora a origem dos algoritmos seja antiga, apenas recentemente os computadores digitais lhes concederam uma posição de destaque para a ciência e a engenharia (SEJNOWSKI, 2019, p. 213).

O primeiro algoritmo conhecido nasceu das alianças intelectuais entre Charles Babbage, engenheiro, cientista, matemático e filósofo do século 18, e Ada Lovelace, filha talentosa do poeta Lord Byron. Ela era um prodígio, dotada não só para a música, mas também para a matemática, uma das primeiras mulheres a se interessar pela computação. Tanto é que desenvolveu o primeiro algoritmo de que se tem notícia, em 1843. Babbage tinha um projeto de construção de algo como um computador mecânico. Ao estudar esse projeto, Ada percebeu que o dispositivo poderia ir além de meramente calcular. Assim, ela escreveu um programa, uma máquina analítica e informacional em lugar de uma máquina mecânica de calcular (GLEICK, 2013, p. 118-129). Deve ter sido aí que se deu o nascimento da era da computação e da evolução dos algoritmos até o ponto de serem hoje capazes de resolver problemas extremamente complexos em frações de segundos.

Mesmo antes da internet, os algoritmos estavam por trás de todos os processos executados pelos computadores, pois eles se constituem na base para a programação de computadores. Para resolver problemas, eles utilizam uma entrada de dados e, a partir dela, processam esses dados para fornecer uma saída (resultado do problema). Por isso, podemos dizer que os algoritmos são como fórmulas matemáticas: recebem um conjunto de números e/ou variáveis e, a partir daí, encontram o resultado.

Infelizmente, o algoritmo costuma ser tratado como o grande protagonista isolado e exclusivo da IA, o que tem atrapalhado muito o real entendimento da performance que lhe cabe. Mais um pouco e se pode cair em uma espécie de fetichização do algoritmo. O primeiro mito que o rodeia é aquele de que se trata de uma abstração imaterial comandando todas as externalidades negativas da IA. Comecemos, portanto, com a desmistificação dessa imaterialidade ao indicar o contexto ou ambiente de existência do algoritmo. Para isso, Ganascia (1995, p. 11-13) nos oferece um percurso em camadas bastante esclarecedor como se segue.

Embora sejam abstrações matemáticas, os algoritmos estão sustentados por camadas materiais em uma estrutura estratificada: primeiro, é preciso considerar a matéria de que as máquinas são feitas. O comportamento da matéria é estudado pelos especialistas em física dos sólidos. Esse é o primeiro estrato, o estrato físico. Estes são seguidos pelos

CAPÍTULO 1. PANORAMA DA INTELIGÊNCIA ARTIFICIAL

especialistas em semicondutores, que elaboram os componentes eletrônicos elementares, como os transistores ou os diodos. Isso corresponde ao segundo estrato, o estrato eletrônico.

Em seguida, vêm "os especialistas em circuitos lógicos, que combinam os componentes eletrônicos elementares para fabricar memórias, processadores de multiplicação, adição, todos um conjunto de circuitos elementares que entram na composição dos computadores". Esse é o estrato lógico, pois faz intervir, unicamente, as propriedades lógicas dos sinais de entrada desses circuitos, que são, desde então, assimilados a sucessões de 0 e de 1 (ibid., p. 12).

Seguindo com Ganascia (ibid.), em continuidade, entram os "arquitetos", aqueles que comandam os circuitos lógicos entre si, responsáveis pela fabricação de memórias, unidades aritméticas e lógicas e, mais geralmente, unidades centrais comandadas com a ajuda de sinais lógicos sincronizados. Tem-se aqui o estrato da máquina. Mas, para facilitar a condução dessas máquinas, foram concebidas as chamadas linguagens de máquinas que acionam séries de sinais de comandos e que, por isso, permitem dar instruções à máquina e armazenar essas instruções na memória. Esse é o estrato de montagem, cuja linguagem depende diretamente da máquina com que se trabalha. Entretanto, busca-se franquear as particularidades de tal e tal máquina, para que os programas escritos sejam independentes das máquinas nas quais se opera. Para isso, foram concebidas linguagens de programação mais ou menos avançadas. Conceber essas linguagens corresponde ao estrato simbólico.

Ora, quanto mais se avança nessas camadas, mais são esquecidas as particularidades físicas, mais se avança na escalada da abstração. Isso não deve significar que o estrato simbólico, o mais alto na escala, seja imaterial, mesmo quando se leva em consideração que esse estrato permite apreender uma linguagem de programação, sem ter que conhecer a máquina sobre a qual os programas escritos nessa linguagem são escritos. Estando a suposta imaterialidade do ambiente de existência dos algoritmos desmistificada, sigamos com distinções bastante importantes para dar a conhecer a sua natureza.

Distinções entre programa, código e algoritmo

Dado o entrelaçamento que se estabelece entre programa (*software*), código e algoritmo, apontar para a diferença entre eles é importante para se entender o algoritmo que, por ser o personagem proeminente no campo da IA, exige que seja mais bem compreendido. Para isso, agora é a vez de Accoto (2020, p. 37-44) nos oferecer um excelente roteiro. Reina uma grande variedade de nomenclaturas e subconceitos em torno do conceito de programa, tais como código, linguagem, programação, sistema operacional, linguagem de programação etc. A palavra "*software*", que aqui chamaremos de "programa", surgiu por volta de 1958 para se diferenciar de *hardware* de modo a sublinhar, "em sistemas de processamento, o papel das instruções lógico-matemáticas como elementos leves ou suaves em comparação com os componentes pesados e rígidos dos computadores eletrônicos da época". A palavra "programa" apontava para o fato de que, por si só, sem ser acompanhado por instruções, o computador não era capaz de funcionar.

O programa é uma técnica de escrita avançada, um código que é posto em funcionamento quando o computador o executa. Portanto, nesse caso, o código é um tipo particular de linguagem com a característica de ser executável. Para isso, o código é configurado para funcionar corretamente, no sentido de produzir os efeitos que estão inscritos nos comandos, sendo, portanto, uma linguagem que "faz o que diz".

O código, como linguagem que calcula e comanda, tem por função dar instruções a uma máquina. Ele faz os eventos acontecerem dentro da máquina. Nesse sentido, "a programação é uma linguagem escrita altamente performativa, (...) projetada para produzir eventos em perspectiva futura", a saber, em um mundo que, "sendo escrito pelo código, se torna programável" (ACCOTO, 2020, p. 39-40). A complexidade dos programas tem se expandido enormemente. A medida da complexidade é dada pelas linhas de código envolvidas. Por exemplo, as linhas do código-fonte do Photoshop cresceram quarenta vezes desde 1990, e as do Windows aumentaram dez vezes nos últimos dez anos. Um

CAPÍTULO 1. PANORAMA DA INTELIGÊNCIA ARTIFICIAL

aplicativo móvel hoje precisa de quarenta mil linhas de código, um carro, mesmo que não inteligente, contém cinco a dez milhões, e os serviços fornecidos pelo Google, mais de dois mil milhões de linhas de código. Ademais, devido à interconexão e interoperabilidade entre empresas, sistemas e programas, a complexidade tornou-se interdependente "e humanamente difícil, se não impossível para gerenciar" (ibid., p. 35). Isso não deve significar infalibilidade, pois códigos também apresentam falhas, quase sempre inesperadas. Mas é justamente quando falha que o código fala muito mais de si do que quando funciona.

Accoto (ibid., p. 47) não deixa de lembrar que as tradicionais distinções entre *hard* e *software* estão sendo progressivamente erodidas, frente a um *hardware* que se aproxima do *"soft"* e vice-versa devido ao desenvolvimento de "um *software* cada vez mais transitivo em direção ao *hardware*, a tal ponto que será cada vez mais complexo no futuro decidir onde começa um e termina o outro". Ademais, cada vez mais se falará no futuro de "cidade programável", "moeda programável", "matéria programável", "contrato programável", "lei programável", "vida programável", o que implicará que o *software* seja repensado como elemento constitutivo do humano (ibid., p. 56-57).

Tudo isso não seria possível se os algoritmos não fizessem morada no interior dos programas. Assim, enquanto o programa é uma linguagem codificada que controla o funcionamento do *hardware* e suas operações, fornece instruções de execução ao computador e permite ao usuário interagir com as interfaces, o algoritmo, por sua vez, é um procedimento ou conjunto de regras, instruções passo a passo a serem seguidas nos cálculos, os quais definem como o trabalho deve ser executado para atingir o resultado desejado. Em seu livro *O algoritmo mestre*, Domingos (2017) oferece uma definição magistralmente simples: "um algoritmo é uma sequência de instruções dizendo a um computador o que fazer."

Em uma definição também simplificada, um algoritmo é um conjunto finito de diretrizes que descrevem como executar uma tarefa. Isso significa que até mesmo algo tão simples quanto uma receita ou uma lista de direções para a casa de um amigo pode ser entendido como um algoritmo. São algoritmos ou se comportam como tal porque se enquadram na definição corrente de algoritmo como um processo com um conjunto de etapas ou regras independentes a serem seguidas para a execução de um cálculo ou solução de um problema. Entretanto, as coisas são bem mais complicadas no contexto da ciência da computação, onde o termo aparece com muita frequência.

Para Mueller e Massaron (2020, p. 132), o algoritmo é um tipo de contêiner. Ele fornece uma caixa para armazenar um método que resolverá um tipo específico de problema. Eles processam dados por meio de uma série de estados bem definidos. Os estados não precisam ser determinísticos, mas são definidos mesmo assim. O objetivo é criar uma saída que resolva um problema. Em alguns casos, o algoritmo recebe entradas que ajudam a definir a saída, mas o foco é sempre a saída.

Assim, os algoritmos devem expressar as transições entre os estados usando uma linguagem formal e bem definida que o computador consiga entender. Ao processar os dados e resolver o problema, o algoritmo define, refina e executa uma função. A função é sempre específica ao tipo de problema sendo abordado pelo algoritmo. Na explicação de Domingos (2017, p.), os algoritmos são redutíveis a três operações: "e", "ou" e "não". Embora essas operações possam se encadear de maneiras extraordinariamente complexas, os algoritmos centrais são construídos a partir de associações racionais simples.

Em suma, um algoritmo é um conjunto de instruções para converter um dado *input* em um *output* desejado por meio de um número finito de passos: algoritmos são usados para resolver problemas pré-definidos. Para que um conjunto de instruções seja convertido em um algoritmo, três condições devem ser preenchidas: 1. Os passos necessários – individualmente ou como um todo – precisam ser descritos sem ambiguidade e completamente. Usualmente, é necessário utilizar uma linguagem formal para fazer isso, tal como matemática ou uma linguagem de programação, para evitar a imprecisão e a ambiguidade da linguagem natural e para garantir que as instruções possam ser seguidas sem interpretação. 2. Deve ser possível, na prática, executar os passos individuais juntos. Por essa razão, todo algoritmo está ligado ao contexto de sua

CAPÍTULO 1. PANORAMA DA INTELIGÊNCIA ARTIFICIAL

realização. Se o contexto muda, assim também mudam os processos operacionais que podem ser formalizados como algoritmos e assim também os modos pelos quais os algoritmos podem compartilhar na constituição do mundo. 3. Deve ser possível executar uma instrução operacional mecanicamente de modo que, sob condições fixas, ela produza o mesmo resultado. Para que qualquer imprecisão seja evitada, o domínio mais importante dos algoritmos na prática é a matemática e sua implementação no computador (STALDER, 2021, p. 79-80).

É costume confundir algoritmo estritamente com código. Segundo Accoto (2020, p. 103), eles são conceitualmente distintos: "os programas de *software* podem incorporar ou implementar algoritmos, mas são, ao mesmo tempo, algo mais do que algoritmos". Isto porque os programas contêm elementos não algorítmicos. Mas eles também contêm algo menos do que algoritmos, no sentido de que algoritmos não são vinculados à redução de material implícita em uma implementação particular. Seguindo Dourish, Accoto (ibid. p. 104) nos fornece a seguinte síntese dos fatores envolvidos nos algoritmos.

a) Algoritmo, muitas vezes, significa um regime de "automação" e, nesta perspectiva, ao algoritmo é atribuída a dimensão de controle e governabilidade de gestão mais geral. b) Algoritmo é frequentemente entendido como "código", ou melhor, pseudocódigo ou código que se espera para acontecer, entendido como generalidade abstrata que posteriormente (ligação temporal) será operacionalizada em uma linguagem de programação específica. c) Algoritmo como "arquitetura" uma vez que o que chamamos por este nome é muitas vezes difícil de localizar e, em vez disso, é distribuído em milhões de linhas de código, dividido entre componentes, linguagens e sistemas diferentes, ativado entre interfaces pervasivas, redes locais e globais, operando entre arquiteturas e máquinas montadas. d) Algoritmo e "materialização" na medida em que se concretiza, além da escrita em código, dentro de um sistema que o torna operacional como uma específica máquina ou computador, uma específica rede, uma específica configuração de hardware.

Algoritmos depois da IA

A INTELIGÊNCIA ARTIFICIAL É INTELIGENTE?

Entendido o que é um algoritmo, é preciso agora considerar que os atuais algoritmos da IA não agem mais do mesmo modo que os algoritmos sequenciais do passado. Para começar, muda a maneira como os dados são tratados. Com a IA, os dados desempenham três funções: 1. A função de dados de entrada, que são fornecidos ao algoritmo e usados para gerar uma predição. 2. A função de dados de treinamento, usados para gerar o algoritmo em primeiro lugar. Os dados de treinamento são usados para treinar a IA para se tornar boa o suficiente para prever o mundo real. 3. Por fim, há a função de dados de *feedback*, que são usados para melhorar o desempenho do algoritmo por meio da experiência. Os mesmos dados podem desempenhar as três funções (AGRAWAL et al, 2018, p. 43-44).

À maneira de uma transformação química, as transformações mais básicas de dados são chamadas de análise de dados. Há quatro famílias de transformações: 1) transformação em si (muda a aparência dos dados, em função de sua organização); 2) limpeza (corrige dados imperfeitos, informações erradas, valores errados etc.); 3) inspeção (a análise de dados é um trabalho humano, embora o *software* tenha uma parte importante); e 4) modelagem (capta a relação entre os elementos presentes nos dados). Depende de ferramentas oriundas da estatística (MUELLER e MASSARON, 2020, p. 118-119). Ao passar por esses dados, os algoritmos conseguem encontrar padrões e correlações para fornecer informação (TAULLI, 2020, p. 14). Com os algoritmos de IA, as máquinas passaram a aprender com os dados (AGRAWAL et al., 2018, p. 45). Isso significa que uma IA praticamente aprende a raciocinar e agir em atividades semelhantes às dos humanos.

Os especialistas concordam com o fato de que a quantidade de dados é importante, mas bastante trabalho precisa ser feito para garantir sua qualidade. Até mesmo pequenos erros podem ter um enorme impacto sobre os resultados de um modelo de IA (TAULLI, 2020, p. 61). Fazer a pergunta correta, obter os dados corretos, realizar o processamento correto e, então, analisar corretamente os dados são todas ações necessárias para fazer com que a aquisição de dados seja o tipo de ferramenta na qual se pode confiar (MUELLER e MASSARON,

CAPÍTULO 1. PANORAMA DA INTELIGÊNCIA ARTIFICIAL

2020, p. 37). Portanto, os requisitos para a aceitação de um modelo de IA implicam: compreensão do que se busca, compreensão dos dados, preparação dos dados, modelagem, avaliação e implantação (TAULLI, 2020, p. 49). Esses cuidados são necessários porque máquinas preditivas às vezes fornecem respostas erradas confiantes de que estão certas (AGRAWAL et al., 2018, p. 62). Além disso, projetos de Big Data podem ser abandonados por: falta de foco claro, dados impróprios, investimento nas ferramentas de TI erradas, problemas na coleta de dados, falta de adesão dos principais *stakeholders* e defensores em uma dada organização.

De todo modo, cumpre enfatizar que os algoritmos de IA não são mais simples sequências de instruções estáticas. Eles não são mais repetidos sem mudanças, mas tornaram-se dinâmicos e adaptativos em um alto grau. Não são mais "simples instruções que devem ser executadas, mas se tornam entidades performáticas que selecionam, avaliam, transformam e produzem dados e conhecimento de forma determinística ou exploratória (ACCOTO, 2020, p. 107). O poder computacional disponível hoje é usado para escrever programas que se modificam e se aperfeiçoam semiautomaticamente e em resposta ao *feedback* (STALDER, 2021, p. 84-85). Para se ter uma ideia desse funcionamento, vale recorrermos aqui ao exemplo mais exemplar: o algoritmo do Google que, de resto, é constantemente modificado. Tornou-se cada vez mais complexo e assimilou uma grande quantidade de informação contextual que influencia o valor de um site no seu *PageRank* e, assim, a ordem dos resultados de busca. Isso significa que o algoritmo não é mais um objeto físico ou uma receita imutável, mas "transformou-se em um processo dinâmico, uma nuvem opaca composta por múltiplos algoritmos que interagem que são continuamente refinados." Essas mudanças continuam a trazer novos níveis de abstração, de modo que o algoritmo toma conhecimento de variáveis adicionais tais como o tempo e lugar de uma busca, junto com o comportamento previamente registrado de uma pessoa – e também seu envolvimento em ambientes sociais e muito mais. "Personalização e contextualização se tornaram partes do algoritmo de busca do Google desde 2005" (STALDER, 2021, p. 93).

A INTELIGÊNCIA ARTIFICIAL É INTELIGENTE?

O autor ainda nos explica que todo algoritmo complexo contém uma multiplicidade de variáveis e usualmente um número ainda maior de modos de fazer conexões entre eles. Toda variável e toda relação, mesmo quando expressa em termos técnicos e matemáticos, codificam pressupostos que expressam uma determinada posição no mundo. "Não há variáveis puramente descritivas, assim como não há algo como dado cru. Tanto os dados quanto as variáveis já estão de certo modo cozinhados, isto é, eles são gerados por operações culturais e formados dentro de categorias culturais." Em todo uso de dado produzido e em toda execução de um algoritmo, "os pressupostos que estão enraizados nele são ativados, e as posições contidas dentro deles produzem efeitos no mundo que o algoritmo gera e apresenta" (ibid., 2021, p. 96).

As perspectivas que se aproximam são muitas. Segundo Stalder (ibid., p. 93), pode-se prever que muitos textos jornalísticos serão automatizados no futuro. Novas relações entre humanos e natureza irão se estabelecer: quando estiverem equipados com transistores e sensores, os animais poderão contar suas próprias histórias por meio do *software* apropriado. Algoritmos podem ser facilmente usados para criar uma enchente de entradas *online* para espalhar propagandas nas redes — a ciência da narratologia (da empresa *In-Q-Tel*) é apenas uma entre as companhias que oferece produção e análise automatizada de textos. *Softwares* podem reduzir dramaticamente o tempo e o esforço requeridos para analisar o número crescente de arquivos que são relevantes para os casos legais complexos. A companhia *Epagogix* fornece *software* que usa dados históricos para avaliar o potencial mercadológico dos roteiros de filmes. Algoritmos são usados para avaliar os ensaios dos alunos. Tais novas condições, aqui selecionadas como exemplo, são eloquentes quanto ao fato de que as fronteiras entre o criativo e o mecânico estão borradas.

Conclusão: vivemos na era dos algoritmos. Há apenas uma ou duas gerações, a simples menção da palavra algoritmo não significava nada para a maioria das pessoas. Atualmente, os algoritmos integram tudo que se faz no mundo civilizado. Eles fazem parte da trama que compõe nossa vida diária. Não apenas nos celulares e laptops, mas nos carros, em nossa casa, nos utensílios domésticos e até mesmo nos brinquedos

CAPÍTULO 1. PANORAMA DA INTELIGÊNCIA ARTIFICIAL

das crianças. "As instituições bancárias são um imenso quebra-cabeça de algoritmos, com pessoas apertando botões do outro lado." Nossos voos são programados por algoritmos e as aeronaves são também pilotadas por eles. Além disso, "gerenciam fábricas, comercializam e entregam mercadorias, calculam os lucros e mantêm registros. Se todos os algoritmos parassem de funcionar, inesperadamente, o mundo que conhecemos chegaria ao fim" (DOMINGOS, 2017, p. 24).

Por serem onipresentes, os algoritmos habitam o coração de nossas vidas. Nós os usamos toda vez que fazemos pesquisas no Google (o algoritmo de *pagerank* do Google foi elaborado com muitas camadas de algoritmos para manipular o viés das pesquisas). As notícias que lemos no *feed* do Facebook são escolhidas por algoritmos que se baseiam em nosso histórico de cliques no *feed*, e isso afeta as nossas reações emocionais. Não é novidade para ninguém que emoções se propagam por contágio. A invasão dos algoritmos em nossas vidas tem se acelerado à medida que o aprendizado profundo (AP) fornece recursos de reconhecimento de voz e linguagem natural aos nossos celulares. E isso não é tudo.

Não é por acaso que a visão cultural da IA oscile entre os extremos do entusiasmo e dos temores, ambos desmedidos. De fato, atividades há pouco tempo reservadas à inteligência humana, tais como compor textos ou analisar o conteúdo de imagens, agora são frequentemente executadas por máquinas, graças ao poder adquirido pelos algoritmos. Contudo, os efeitos que isso tem provocado nas pessoas estão mais perto da fantasia do que da realidade. Reduzir o poder das fantasias infundadas está entre os principais objetivos deste livro que pretende funcionar como um convite para que observemos a IA mais de perto. É o que faremos a seguir ao explorar "as tribos da IA", conforme a nomenclatura que vem sendo empregada.

As tribos da IA

Os especialistas em IA estão agora ressuscitando uma designação, a saber "tribos", que foi muito usada por Maffesoli (1987) para caracterizar grupos culturais, na maior parte das vezes formado por jovens aninhados em comunidades identitárias, à margem da sociedade institucionalizada. Não se pode também deixar de lembrar que o termo "tribo" foi primeiramente utilizado por Francis Bacon (2000-2003), no seu *Novum Organum*, como um dentre os quatro mais perigosos ídolos da mente humana (tribo, comércio, caverna e teatro) na sua crítica da idolatria como meio de liberação da mente humana da ignorância e do senso comum.

Hoje, sem a função crítica do outro que é própria da defesa das identidades, mas buscando discriminar diferenças, os grupos que estão envolvidos em distintas técnicas relacionadas à IA estão agora sendo chamados de tribos. Para compreender o território de ocupação dessas tribos, deve-se considerar que IA abrange uma grande variedade de teorias e tecnologias, que se agrupam nas chamadas tribos. Às vezes, a Aprendizagem de Máquina (AM) é confundida com IA. Tecnicamente, ela é um subcampo da IA, mas cresceu tanto e foi tão bem-sucedida, especialmente em sua subárea de Aprendizagem Profunda (AP) que ofuscou a orgulhosa mãe (DOMINGOS, 2017, p. 31). Mueller e Massaron (2020, p. 145) convergem nesse julgamento ao afirmarem que a IA é um campo muito maior do que a AM, e a AP é apenas uma pequena parte dela.

Segundo Domingos (2017, p. 113), as tribos são escolas de pensamento rivais que existem na área de AM, nome genérico que alguns especialistas utilizam para se referirem ao estágio atual da IA, a qual engloba também a AP como uma subárea. As tribos se organizam "dentro de ambientes sociais concentrados, onde todos compartilham um propósito ou um objetivo comum, falam a mesma língua e trabalham respectivamente com a mesma intensidade." Para utilizarmos a visão do fazer científico de Thomas Kuhn (1969), uma tribo é constituída por um grupo de pessoas que desenvolve um senso compartilhado de valores e propósitos, passando pelas mesmas "situações de tentativa e erro, sucesso e fracasso, sofrimento e felicidade juntos" (WEBB, 2020, p. 59).

O que as tribos de IA estão fazendo? É a pergunta que Webb levanta (ibid., p. 54). "Elas estão desenvolvendo sistemas de IA estreita, capazes

CAPÍTULO 1. PANORAMA DA INTELIGÊNCIA ARTIFICIAL

de realizar uma tarefa específica no mesmo nível ou melhor do que nós, humanos." O adjetivo "estreita" refere-se ao estágio atual da IA, em oposição à construção daquilo que está por vir, segundo previsões, ou seja, "a IA geral, que realizará tarefas cognitivas generalizadas, pois são máquinas que os especialistas pretendem desenvolver para pensar como nós do que decorrem novas perguntas lembradas por Webb, perguntas eticamente bastante cruciais: quais valores, ideais e perspectivas do mundo serão ensinados nesses sistemas?

Sem divagarmos para o futuro, na atualidade, as principais tribos são os simbolistas, os conexionistas, os evolucionários, os bayesianos e os analogistas. Cada tribo tem um conjunto de crenças básicas e um problemas específico com o qual se preocupa mais. Assim, a AM simbolista é uma ramificação da engenharia do conhecimento da IA. Segundo Domingos (2017, p. 113), para os simbolistas, toda inteligência pode ser reduzida à manipulação de símbolos, da mesma forma que um matemático resolve uma equação substituindo uma expressão por outra. Para eles, não se pode aprender do zero, é preciso que um conhecimento inicial acompanhe os dados. Descobriram como incorporar conhecimento preexistente ao aprendizado e como combinar diferentes áreas de conhecimento dinamicamente para resolver novos problemas.

Portanto, os simbolistas acreditam que o conhecimento pode ser obtido pela operação de símbolos (sinais que representam um certo significado ou evento) e pela derivação de regras a partir deles. Ao juntar sistemas complexos de regras seria possível obter uma dedução lógica do resultado que se queira saber. Assim, os simbolistas moldaram seus algoritmos para produzirem regras a partir dos dados. Conforme Mueller e Massaron (2020, p. 132), no raciocínio simbólico, a dedução expande o domínio do conhecimento humano, enquanto a indução aumenta o nível do conhecimento humano. A indução normalmente abre novos campos de exploração, enquanto a dedução explora esses campos.

O livro de Domingos (2017) recebeu adequadamente o título de *O algoritmo mestre*. Assim, ao analisar cada tribo, ele determina o algoritmo mestre que se constitui na espinha dorsal de cada uma. O algoritmo mestre dos simbolistas é a dedução inversa, que tem por função detectar qual conhecimento está faltando para que uma dedução seja aceita de modo a torná-la a mais geral possível.

Entretanto, no momento, a tribo mais vitoriosa entre as outras é a tribo do conexionismo. Hoje, o conexionismo, cuja história, de resto, sofreu frustrações no meio do seu caminho, ressurgiu triunfante. Ainda segundo Domingos (ibid., p. 139), estamos às voltas com redes neurais artificiais mais profundas do que em qualquer outra época e elas estão definindo novos padrões para a visão, o reconhecimento da voz, a descoberta de medicamentos e outras áreas. O que mudou desde as frustrações do passado? Pouca coisa dizem os críticos: apenas a emergência de computadores mais velozes e maior volume de dados.

Para os conexionistas, aprendizado é a função do cérebro e, portanto, o que precisamos fazer é torná-lo alvo de engenharia inversa. O cérebro aprende, ajustando as forças das conexões entre neurônios, e o problema crucial é descobrir quais conexões são responsáveis por quais erros e alterá-las de acordo. Mimeticamente ao funcionamento das rede sinápticas do cérebro, o algoritmo mestre dos conexionistas é a *backpropagation* (propagação retrógrada, retropropagação ou propagação reversa), que compara a saída de um sistema com a saída desejada e altera sucessivamente as conexões em cada camada de neurônios para aproximar mais a saída daquilo que ela deveria ser, ou melhor, que se espera que ela seja (DOMINGOS, 2017, p. 77-78).

Os conexionistas são, de fato, os mais famosos. Eles buscam reproduzir as funções cerebrais ao usar silício, em vez de neurônio. Em essência, cada um dos neurônios (criados como um algoritmo que modela seu equivalente no mundo real) resolve uma pequena parte do problema, e o uso de vários neurônios em paralelo resolve o problema por completo. Isto porque as redes neurais têm camadas diferentes, cada uma com um peso próprio. Os pesos representam a força de conexão entre os neurônios na rede. As redes neurais são, assim, uma forma de replicação da experiência humana de tentativa e erro com a formulação matemática da propagação reversa de erros, um método que tem demonstrado ser o mais eficaz em tarefas similares às humanas como reconhecer objetos, compreender idiomas escritos e falados e conversar com humanos. De fato, a retropropagação é uma vitória

CAPÍTULO 1. PANORAMA DA INTELIGÊNCIA ARTIFICIAL

computacional. Mas ela é extremamente não biológica. As sinapses cerebrais são unicamente *feedforward*: elas não transmitem em ambas as direções. O cérebro contém conexões *feedback* em várias direções, mas cada uma delas é rigorosamente de mão única. Essa é uma dentre as grandes diferenças entre as redes neurais reais e as artificiais (MUELLER e MASSARON, 2020, p. 133, 150-152).

A tribo dos evolucionistas, por sua vez, acredita que a mãe de todo aprendizado é a seleção natural. Se ela nos criou, pode fazer qualquer coisa, e só precisamos simulá-la no computador. O problema-chave que os evolucionários resolvem é a estrutura do aprendizado: não só ajustando parâmetros, como faz a retropropagação, mas recriando funções do cérebro para que as adaptações possam então se ajustar. Portanto, os algoritmos evolucionários usam o princípio da evolução para resolver os problemas. Seguindo o princípio da evolução darwiniana, baseia-se na sobrevivência do mais apto ao remover quaisquer soluções que não correspondam com a saída desejada. Para isso, usam uma estrutura de árvore, que corresponde ao método que procura a melhor solução com base na saída da função. Esse grupo faz uso pesado da recursividade de linguagem na qual se apoiam para resolver os problemas. Um saída típica dessa estratégia tem sido os algoritmos que evoluem: uma geração de algoritmos, de fato, constrói a próxima geração (ibid., p. 133). Para Domingos (2017, p. 77), "o algoritmo mestre dos evolucionários é a programação genética, que une e desenvolve programas de computador da mesma forma que a natureza une e desenvolve organismos."

Os bayesianos, por sua vez, se preocupam acima de tudo com a incerteza. Todo o conhecimento aprendido é incerto e o próprio aprendizado é um tipo de inferência incerta. O problema, então, passa a ser como lidar com informações, com interferências imperfeitas e até mesmo contraditórias sem se enganar. Os bayesianos perceberam que a incerteza é o aspecto-chave a ser observado e que o aprendizado não é garantido, mas que ocorre como uma atualização contínua de crenças anteriores que ficaram cada vez mais precisas. Isso os levou à inferência probabilística cujo algoritmo baseia-se no teorema de Bayes. A adoção dos métodos estatísticos e, em particular, das derivações do teorema de Bayes os ajudam a calcular probabilidades em determinadas condições. Isto porque o teorema de Bayes nos diz como incorporar novas evidências às nossas crenças, e os algoritmos de inferência probabilística fazem isso da maneira mais eficiente possível (MUELLER e MASSARON, 2020, p. 133).

Por fim, para a tribo dos analogistas, "a chave do aprendizado é o reconhecimento de semelhanças entre situações e, a partir daí, surge a inferência de outras semelhanças." Para eles, o problema é juntar o quanto duas coisas são semelhantes. O algoritmo mestre dos analogistas, ainda segundo Domingos (2017, p. 78), é a máquina de vetores de suporte, que descobre quais experiências devem ser lembradas e como combiná-las para fazer novas previsões. Conforme Mueller e Massaron (2020, p. 133), os analogistas usam máquinas kernel para reconhecer os padrões nos dados. Ao reconhecer o padrão em um conjunto de entradas e compará-lo com o padrão de uma saída conhecida, é possível criar uma solução a um problema.

Fica evidente que cada tribo chega aonde procura estar ao enfrentar suas próprias dificuldades. Mas nenhuma delas atinge a completude esperada. Prossigamos com Domingos (2017, p. 78): "os simbolistas sabem como combinar conhecimento a dados a partir de sequenciadores de DNA, microarranjos de expressão gênica, e assim por diante, para produzir resultados aos quais não poderíamos chegar sozinhos. Contudo, o conhecimento obtido pela dedução inversa é puramente qualitativo" e é preciso aprender não só quem interage com quem, mas também quanto a *backpropagation* pode fazê-lo. "Porém, tanto a dedução inversa quanto a *backpropagation* ficariam suspensas no espaço sem alguma estrutura básica" na qual fosse possível fixar as interações e os parâmetros encontrados por elas, e a programação genética pode descobri-la, mesmo que isso não nos dê o conhecimento completo de todos os dados relevantes. Todavia, as informações que temos são sempre muito incompletas e até mesmo incorretas em alguns locais; não obstante, é preciso avançar e é para isso que existe a inferência probabilística. Há casos, entretanto, que são muito diferentes dos já vistos e todo o conhecimento aprendido falha. "Algoritmos baseados em semelhanças podem ajudar encontrando analogias entre situações

CAPÍTULO 1. PANORAMA DA INTELIGÊNCIA ARTIFICIAL

superficialmente muito diferentes, concentrando-se em duas semelhanças básicas e ignorando o resto".

De todo modo, pode-se concluir que, embora se constituam em tribos, as tendências não estão apartadas como poderia equivocadamente dar a parecer. Boden (2020, p 151) esclarece que a IA geral evolutiva originou-se no interior da IA simbólica e é também utilizada no conexionismo. Do mesmo modo, um programa pode modificar a si mesmo e até mesmo se aperfeiçoar usando algoritmos genéticos. Embora bayesianos, simbolistas e conexionistas representem a fronteira atual e futura do aprendizado a partir de dados, o cenário da AM é mais amplo do que seus algoritmos mestres. Mas não é casual o *front* que ocupam. O algoritmo byes consegue ser mais preciso do que um médico para diagnosticar certas doenças. Árvores de decisão é um algoritmo que indica como uma IA pode tomar decisões porque ela se parece com uma série de decisões encadeadas, que podem ser desenhadas como uma árvore e oferecem uma representação da complexidade do mundo em termos de probabilidade. Esta apoia os sistemas de IA em seu raciocínio ao oferecer suporte para a tomada de decisão e fazendo as escolhas que parecem ser as melhores e mais racionais, apesar da incerteza (MUELLER e MASSASON, 2020, p. 136).

A conclusão que podemos extrair das cinco tribos acima descritas para os interesses deste livro é que não apenas a AM e a AP apresentam uma ênfase indiscutível nos processos de aprendizagem com que as máquinas estão sendo habilitadas graças aos algoritmos, mas igualmente as outras três tribos. Isso nos leva a inferir que o aprendizado se constitui na espinha dorsal da IA. Não sem razão, portanto, tomaremos o aprendizado como foco de comparação entre a inteligência humana e a IA. De fato, com a razão adicional de que a aprendizagem é a mola mestra da inteligência, quer dizer, só a aprendizagem por ser autotransformadora e capaz de levar a inteligência a avançar e crescer em suas tendências benignas. Mas, antes disso, é preciso deslindar as questões espinhosas da consciência e da inteligência. O que temos a dizer sobre isso seguirá nos próximos capítulos.

CAPÍTULO 2

CONSCIÊNCIA NAS CIÊNCIAS COGNITIVAS

A primeira confusão que é preciso desanuviar é aquela que reina em torno da noção de consciência, muitas vezes tratada como similar à inteligência, ou mesmo como mero sinônimo, o que traz enormes dificuldades ao discernimento. São muitas as teorias da consciência em variadas áreas de conhecimento, vão da filosofia à psicologia, neurociências e também à literatura. O objetivo deste livro é colocar a questão da inteligência, em especial da IA, em discussão. Para isso, é preciso emoldurar os conceitos de consciência e inteligência no contexto das ciências cognitivas, no qual a IA foi se desenvolvendo. Quando se trata de enfrentar o problema da inteligência, na literatura sobre e ao redor da IA, reina uma grande mistura entre os complexos conceitos de consciência, mente, pensamento, cognição e inteligência. Sem qualquer pretensão de desatar todos os fios desse imbróglio, este capítulo escolheu um desses fios, a saber, a consciência no campo específico das ciências cognitivas, reservando um outro momento da discussão para o problema da inteligência.

Desde que foi surgindo, a partir da emergência das ciências computacionais e das ciências cognitivas, em meados do século 20, a IA passou a exibir, com altos e baixos, uma evolução contínua e gradativa. As ciências cognitivas, cujo desenvolvimento, desde então, tem sido notável, visam desenvolver estudos interdisciplinares voltados para as questões de mente, cérebro, inteligência, pensamento, linguagem e todas as implicações decorrentes. As alianças das ciências cognitivas com as computacionais são notórias. Embora haja raízes anteriores (ver GLEICK, 2011), o impulso decisivo para as ciências computacionais deu-se nos anos 30 do século XX, quando o matemático inglês Alan Turing propôs uma formalização matemática da noção abstrata de máquina, naquilo que, a partir de então, sedimentou-se sob o nome de máquina de Turing.

É certo que quase todos os textos sobre IA começam com Turing, o que dispensaria voltar ao assunto, mas não custa sintetizar. Trata-se de uma máquina que buscou mecanizar o potencial do pensamento humano para o cálculo. Seu processo de maturação não se deu imediatamente, aparecendo primeiro em máquinas pré-programadas, como calculadoras. Depois, tomou forma mais definida em um suporte midiático programável, graças ao trabalho de Von Neumann na década de 1950. Essa nova arquitetura de *hardware* permitiu a implementação da máquina universal programável, na qual os programas – que, em última análise, viabilizam a execução – podem ser transmitidos e alterados com a mesma facilidade com que se alteram os conteúdos que apresentam (ver DOMINGOS, 2017).

Sinopse histórica das ciências cognitivas

Sob pena de passar aqui e ali por comentários que esbarram em passagens já enunciadas no capítulo 1, discutir a questão da consciência requer sua contextualização no campo das ciências cognitivas, que também se constitui no território de desenvolvimento da IA. Assim, sintetizando o que já foi apresentado em Santaella (2001, p. 55-69; 2004a, p. 73-92), na década de 1950, a capacidade do computador de replicar algumas das operações próprias da mente humana incitou o nascimento de sua aliada, a IA no contexto das ciências cognitivas. Para a IA, nesse momento, interessavam as condições formais da atividade cognitiva, capazes de indicar o que é comum a todos os sistemas que exibem essa atividade, quer ela apareça em animais, máquinas ou humanos. Uma vez que o modelo computacional possui a habilidade para simular processos cognitivos, disso decorre a possibilidade de se

CAPÍTULO 2. CONSCIÊNCIA NAS CIÊNCIAS COGNITIVAS

modelar a mente. Como consequência, por algum tempo, o modelo computacional da mente teve força suficiente para unificar as ciências cognitivas.

Nos anos 1960, o paradigma computacional da mente já havia se tornado mais sofisticado nas pesquisas de IA simbólica, ou seja, dos sistemas físicos simbólicos, especialmente por meio dos trabalhos liderados tanto por Allan Newell e Herbert A. Simon quanto por Marvin Minsky e Seymour Papert (TEIXEIRA, 1998, p. 36, 43), segundo os quais a inteligência passou a ser definida como capacidade para produzir e manipular símbolos, tendo em vista a resolução de problemas. Não obstante o aprimoramento dessa teoria, a IA viu surgir, nos anos 1980, uma abordagem competitiva na concepção da mente. Trata-se do conexionismo que, sob o influxo de uma grande renovação das pesquisas sobre redes de neurônios formais, propôs a replicação da inteligência por meio da construção de redes neurais artificiais. Usando técnicas dotadas de propriedades que podem ser interpretadas em termos cognitivos, essas redes são capazes de aprender, reconhecer formas, memorizar por associações etc.

Enquanto o modelo computacional da mente, também chamado de cognitivismo, estuda os processos mentais como computações abstratas, independentemente de suas formas específicas de concretização, o conexionismo pretende simular o cérebro como meio para simular a atividade mental. Os conexionistas tomam o cérebro humano como um dispositivo computacional em paralelo que opera com milhões de unidades similares aos neurônios. Mas o conexionismo não lida diretamente com a fisicalidade do cérebro, nem pretende ser um modelo dele. Aponta, isto sim, para similitudes entre as relações de seus componentes e dos componentes cerebrais.

Paralelamente ao conexionismo, o desenvolvimento das neurociências foi se dando a passos largos e os avanços metodológicos, factuais e conceituais tanto da neurobiologia do desenvolvimento quanto da neuropsicologia mudaram o entendimento sobre o cérebro. As ciências cognitivas absorveram essas mudanças de que resultou a área de estudos sob o nome de neurociência cognitiva que traz consigo a promessa da explicação "das operações da mente em termos das operações físicas do cérebro". Apoiada nas técnicas de neuroimagens, a neurociência crê que estas já permitem a descoberta de marcações neurofisiológicas para quase "quaisquer espécies de fenótipos comportamentais, sejam normais ou patológicos, tanto no nível explanatório quanto preditivo" (SANTOSUOSSO e BOTTALICO, 2009, s/d). Tudo isso transformou as ciências cognitivas não apenas em um território híbrido de conhecimento, mas também em uma arena de disputas sobre a possibilidade ou não das pesquisas em neurociências serem capazes de revelar os segredos da mente naquilo que ficou conhecido como o debate, de resto muito extenso e controverso, sobre mente e cérebro (ver, por exemplo, EIMAS e GALABURDA, 1989; SEJNOWSKI e CHURCHLAND, 1989; HARMAN, 1989; EDELMAN, 1992; LEVY, 1994; KOENE, 2011).

A par do desabrochar das neurociências, os anos 1990 viram nascer um certo descontentamento com os rumos excessivamente abstratos das ciências cognitivas. Disso derivaram duas principais tendências: a pesquisa em vida artificial e a robótica evolucionária. A primeira deve seu desenvolvimento ao emprego dos algoritmos genéticos de variados tipos e para as mais distintas finalidades que levou ao surgimento da computação evolucionária. Tanto as correntes cognitivistas quanto as conexionistas colocaram em falta fatores fundamentais da cognição tais como percepção, locomoção e ligação com o meio ambiente. Para a vida artificial, o sistema nervoso dos seres vivos apresenta grande capacidade computacional. O tipo de tratamento até então empregado pelas ciências cognitivas nos processos cognitivos, como se esses independessem das conexões com o corpo e com a realidade lá fora, recebeu um coro de críticas que foi suplementado pelas escolas voltadas para a IA corporificada ou situada e para a nova robótica.

A primeira busca colocar ênfase no papel relevante que o contexto desempenha no desenvolvimento dos processos cognitivos. Seu argumento parte da premissa de que os processos cognitivos emergem em tempo real a partir de um sistema fortemente atado entre as capacidades sensório-motoras de um organismo e o ambiente. Portanto, a cognição pressupõe a primazia de ações em tempo real dirigidas para um fim. Nessa corrente de pesquisa, ficou bastante conhecido

CAPÍTULO 2. CONSCIÊNCIA NAS CIÊNCIAS COGNITIVAS

o "enativismo" de Varela, Thompson e Rosch (1991) e de Thompson (2007). Um panorama mais geral dos variados aspectos de abrangência dessa tendência pode ser encontrado em Kirshner e Whitson (1997).

A robótica, por seu lado, até os anos 1980, estava limitada a um tipo de pesquisa baseado na técnica do modelo de descrição arquivada, (*stored-description model*) o qual requer que o programador adivinhe as condições que o robô irá encontrar e, então, explicitar toda a informação relevante necessária para que o sistema gere respostas apropriadas ao seu ambiente. Insatisfeito com essa limitação, o roboticista do MIT, Rodney Brook, buscou superar os limites então vigentes da robótica de modo a criar sistemas capazes de se adaptar a mudanças na sua interação com o ambiente.

Hoje, a faceta mais conhecida da pesquisa em robótica está voltada para a criação de sistemas robóticos humanoides, que possam desempenhar algumas das funções dos seres humanos e fazer a eles companhia. Contudo, as tendências em robótica, que tendem a ser reforçadas pelo avanço no conhecimento em bio e nanotecnologia, são as da criação de sistemas híbridos entre artificial/mecânico e vivos. Esta busca já se apresentava em experimentos preliminares dos anos 1980 (como é o caso do robô-borboleta), mas já há avanços significativos obtidos como o controle de robôs com tecido neural vivo alimentado por sensores artificiais (KARNIEL et al., 2002), ou o treinamento de uma cultura de células neurais para desempenhar funções em sistemas robóticos (POTTER et al., 2003), também o uso de músculos de animais como atuadores para robôs controlados por computadores (HERR e DENNIS, 2004), e ainda robôs que tiram sua energia a partir de material orgânico (IEROPOULOS et al., 2004), como vegetais em decomposição ou pequenos insetos, a partir da tecnologia de célula de combustível microbial. Avanços tecnológicos como esses apontam no sentido de se ter robôs cada vez mais autônomos e capazes de se adaptar a ambientes crescentemente diversificados, com capacidade de autorreparo e regeneração e com autonomia operacional elevadíssima (VARGAS, P. A et al., 2022; HWU, T. J e KRICHMAR, J. L., 2022).

O que foi apresentado acima é um panorama muito breve de décadas de pesquisas que, a meu ver, constituem-se em um contexto importante para se introduzir a questão da consciência e, mais adiante, seu correlato, a inteligência, tanto humana quanto artificial. Por enquanto, sigamos com o tema da consciência.

Consciência: um problema espinhoso

Nas primeiras fases de desenvolvimento das ciências cognitivas, os termos mais empregados eram relativos à mente e suas operações. Vêm daí as comparações possíveis entre o computador e a mente. No conexionismo, as relações comparativas estavam voltadas para as conexões neuronais que são próprias do cérebro e sua imitação em sistemas computacionais. Sobre as teorias da mente existe uma farta bibliografia, como por exemplo, a teoria representacional da mente (FODOR, 1975; JACKENDORF, 1987; STICK, 1994), a teoria modelar da mente (JOHNSON-LAIRD, 1983; MACGINN, 1989), a teoria causal da mente (ARMSTRONG, 1991) e a teoria modular da mente (FODOR, 1983; JACKENDORF, 1992, 1994). Embora muitas vezes a palavra "mente" estivesse substituída pela palavra "consciência", só a partir da crescente sofisticação da neurociência, dos anos 1990 em diante, é que o problema da especificidade da consciência foi tomando conta das preocupações dos cognitivistas até ser decididamente incluído na agenda de suas teorias e especialmente de suas práticas, inclusive voltadas para a implementação de uma consciência artificial (CA), conforme será comentado mais abaixo.

Antes disso, deve-se reconhecer que o tema da consciência já havia começado a se fazer sentir como um capítulo da ciência da mente (FLANAGAN, 1984). Conforme a neurociência foi sofisticando a sua penetração na fisiologia cerebral, veio surgindo, inevitavelmente, a indagação sobre a possibilidade de os fenômenos próprios da consciência se revelarem em alguns pontos das operações físicas do cérebro (ver, por exemplo, entre outros, CHURCHLAND, 1988, DENNET e KINSBOURNE, 1992; TEIXEIRA, 2000).

Paralelamente, a questão da consciência encontrou na filosofia da mente e cognição um campo fértil de reflexões. Braddon-Mitchell e

CAPÍTULO 2. CONSCIÊNCIA NAS CIÊNCIAS COGNITIVAS

Jackson (1996, p. 122-143), por exemplo, reconhecem que as discussões remontam a Descartes, cuja concepção encontra hoje poucos seguidores, dada a impossibilidade amplamente reconhecida de separação entre a consciência e os estados mentais. Diante disso, para os autores, resta a questão crucial: "onde encontrar a consciência na complexa história sobre vidas mentais como a nossa?". Existem muitas visões sobre isso e elas não são necessariamente convergentes.

McDermott (2007) apresentou um panorama das teorias da consciência fenomênica que vão de Hofstadter, Minsky e McCarthy à filosofia da mente de Dennet a qual, por sua originalidade, opõe-se à corrente daqueles que baseiam a consciência no princípio da introspecção, tais como Nagel, Searle e McGinn. A crítica de Dennet baseia-se na sua irônica concepção do teatro cartesiano, no qual eventos se tornariam conscientes quando exibidos na tela desse teatro, provavelmente com um homúnculo como espectador. A radicalidade da teoria da consciência em Dennet (1991) repousa na equalização da consciência com a linguagem. Sem linguagem não há consciência. Entretanto, a complexidade de sua teoria da linguagem, embora de grande relevância, extrapola os limites desta discussão, pois nos levaria para bem longe.

Uma teoria que encontrou muitos adeptos como meio para explicar a natureza da consciência é a teoria dos *qualia*, estes definidos de modo simplificado como a consciência qualitativa, chave-mestra da noção mesma de consciência, correlata à natureza e ao conteúdo de nossa experiência subjetiva (STUBENBERG, 1992), ou seja, como sinônimo de qualidades fenomênicas até o ponto de se limitar a noção de consciência à noção de *qualia*. Por exemplo, a muito citada qualidade sentida de uma cor, ou da dor. Embora breve, é esclarecedora a discussão levada a cabo por Braddon-Mitchell e Jackson (1996) sobre as enormes dificuldades que se interpõem quando se busca equalizar consciência com *qualia*.

Além de estabelecer cinco formas de consciência (agente, proposicional, introspectiva, relacional e fenomênica), Hill (2009) avança para a discussão dos prós e contras das quatro teorias acerca da natureza metafísica dos *qualia*: o fisicalismo dos *qualia*, o funcionalismo dos *qualia*, o dualismo de propriedades e o representacionalismo. Para o fisicalismo, os *qualia* são redutíveis a propriedades físicas. Já o funcionalismo prega que uma propriedade "é funcional se for uma propriedade apresentada por estados mentais de agentes como resultado de suas relações causais reais e potenciais com estímulos ambientais, com comportamento e diversos outros estados mentais". Segundo seus defensores, "essa teoria concilia melhor a realizabilidade múltipla de estados qualitativos" (ibid., p. 46-47). Para o dualismo de propriedades, *qualia* são *sui-generis* e não se reduzem nem a propriedades físicas nem a propriedades funcionais. Hill leva a discussão dessa teoria bem longe, partindo do dualismo de substância cartesiano e espraiando por uma série de argumentos, todos bastante complexos. O representacionalismo está baseado nos *qualia* perceptuais desenvolvidos por Gilbert Harman, na sua teoria das qualidades intrínsecas da experiência (1989, p. 80-97).

Sem estarem ligadas às discussões acerca da consciência no paradigma dos *qualia*, fizeram fama as obras de Antonio Damasio, desde a publicação de *O erro de Descartes* (1992). Abusando da simplificação, pode-se afirmar que Damasio fundou ele mesmo um outro paradigma dos estudos da consciência sob a égide das emoções, do corpo e do *self*, alicerçados em pressupostos neurobiológicos (1999). Isso não implicou o abandono da questão dos *qualia*, pois, embora breves, há passagens sobre isso no livro *E o cérebro criou o homem* (2010).

Em suma, é uma verdadeira enxurrada de teorias da consciência que tem surgido em meio aos infindáveis debates que se travam entre as diferentes tendências no campo das ciências cognitivas. Importante para a IA, naquilo que o conceito de inteligência tangencia o conceito de consciência, são os programas de pesquisa para o desenvolvimento de uma consciência artificial.

Consciências artificiais seriam possíveis?

A primeira resposta que surge para essa pergunta é inteiramente negativa. Isso parece impossível, dada a identificação da consciência com a nossa interioridade, ou seja, aquilo que o humano teria de mais profundamente só seu. No entanto, os fatos dizem o contrário.

CAPÍTULO 2. CONSCIÊNCIA NAS CIÊNCIAS COGNITIVAS

Os estudiosos estabelecem o Workshop organizado pela *Swartz Foundation*, 2001, sob o título de "Pode uma máquina ser consciente?" (*Can a machine be conscious?*) como marco do desenvolvimento de programas de pesquisa sobre consciência artificial (CA), também chamada de consciência maquínica, consciência sintética, consciência inorgânica. Segundo Igor Aleksander (2014), os prestigiosos filósofos, neurologistas e cientistas da computação presentes no evento concluíram que "não se conhece nenhuma lei fundamental ou princípio operando neste universo que proíba a existência de sentimentos subjetivos em artefatos produzidos ou evoluídos por humanos". Desde então, esse programa de pesquisa deslanchou e, em poucos anos, alcançou um nível de complexidade considerável.

Trata-se de um programa que necessariamente inclui a busca de aprofundamento da pesquisa sobre consciência. Não é possível desenvolver implementações computacionais que exibam consciência sem um conhecimento do que é consciência. Todavia, a questão está muito longe de ser simples, especialmente quando se trata de dar conta da tarefa de emular algo similar à consciência humana em uma máquina. Diante disso, sem descartar as espinhosas indagações que surgem quando se trata de pensar a consciência, especialmente diante da falta de consenso em que a questão está envolvida, o que caracteriza a pesquisa em CA são pontos de vista mais pragmáticos, no sentido de encontrar caminhos que levem a programas que cheguem a resultados palpáveis, mesmo que incompletos e provisórios, no longo caminho da pesquisa.

Não está nas intenções deste capítulo penetrar detalhadamente nas trajetórias das pesquisas nesse campo. Além de não pertencer à comunidade de investigadores dessa área, o que me coloca inevitavelmente na posição de forasteira, o alvo deste tópico é sinalizar ao leitor o estado da arte em que se encontra o programa de desenvolvimento da CA. Uma apresentação provavelmente mais bem-informada do que a minha pode ser encontrada em Boden (2020, p. 165-198).

A meta é desenvolver um modelo da consciência que, de um lado, possa ser implementado e, de outro, que seja capaz de auxiliar na compreensão do que seja consciência. De acordo com o texto para a chamada de trabalhos do Simpósio AAAI, o que se apresenta é uma jovem tendência no campo da IA, bastante desafiadora, uma vez que pretende reproduzir os traços relevantes da consciência por meio de componentes inorgânicos. Segundo Sans (2005), são três as motivações para se perseguir projetos em CA: (a) implementar e desenhar máquinas que se assemelhem aos humanos (campo da robótica); (b) entender a natureza da consciência (campo da ciência cognitiva); (c) implementar e desenhar sistemas de controle mais eficientes. Embora o estágio de desenvolvimento dos robôs antropomórficos esteja avançado, estes não exibem habilidades perceptivas, de raciocínio e de ação que sejam capazes de adaptação nas situações novas de ambientes desestruturados. Os programas de desenvolvimento de robôs, que interagem diretamente com humanos, exigem que sejam implementados projetos de consciência artificial. Para isso, os complexos cruzamentos entre cérebro, corpo e ambiente têm que ser enfrentados (MANZOTTI, 2007).

Os trabalhos têm sido divididos em dois grupos: a natureza da consciência fenomênica, chamado de problema duro (*hard*) e o papel ativo da consciência no controle e planejamento do comportamento de um agente. Isso seria possível porque máquinas conscientes apresentariam potencialmente uma autonomia mais robusta, maior resiliência, maior capacidade para a resolução de problemas, reflexividade e autoconsciência. Insistindo no mesmo assunto, Holland (2003 apud CHELLA e MANZOTTI, 2007, p. 1) afirma que é possível distinguir entre consciência artificial forte e fraca. A primeira se refere ao design e construção de máquinas que simulam a consciência ou processos cognitivos geralmente correlacionados à consciência. A segunda se limita ao design e construção de máquinas conscientes.

A síntese apresentada pela chamada de trabalhos do AAAI ainda informa, com indicação de farta bibliografia, que há algumas áreas que cooperam, competem ou buscam integração no delineamento desse novo campo de pesquisa: (a) corporificação que vai além da IA encarnada, ao buscar o fundamento do símbolo, ancoragem e intencionalidade como garantia para experiências coerentes; (b) simulação e descrição que lida com a fenomenologia sintética ao desenvolver modelos de imagens mentais, de atenção e de memória de trabalho ou

CAPÍTULO 2. CONSCIÊNCIA NAS CIÊNCIAS COGNITIVAS

operacional; (c) ambientação e externalismo voltados para a integração entre o agente e seu entorno; e (d) teoria de controle estendido que explora o papel desempenhado por uma mente consciente no controle de sistemas muito complexos.

Evidentemente, o que deve ser implementado como CA depende daquilo que é determinado como sendo propriedades características da mente. Aleksander (1995) levantou doze princípios que devem servir como base para a consciência artificial: (a) o cérebro como uma máquina de estados, ou seja, como um sistema que armazena informações sobre mudanças no passado até o momento presente; (b) a partição interna dos neurônios, quer dizer; (c) os estados conscientes e inconscientes; (d) aprendizagem perceptiva e memória; (e) predição; (f) a consciência do eu ou autoconsciência; (g) a representação do significado; (h) aprendizagem de enunciados; (i) aprendizado de língua; (j) vontade; (k) instinto e (l) emoção. Certamente, esse levantamento altamente desafiador se coloca como um programa de trabalho que só pode ser alcançado ao longo do tempo. De fato, o desafio é tão grande que Aleksander, no seu livro *Impossible minds: My neurons, my consciousness*, afirma que os princípios para criar uma máquina consciente já existem, mas seriam necessários quarenta anos para treinar essa máquina a compreender a linguagem. Isso parece bastante irônico, quando se sabe que uma criança dos dois aos três anos já domina estruturas e compreensão de linguagem perto de uma competência surpreendente.

Em 2014, Aleksander sintetizou as muitas propriedades da consciência em alguns axiomas relativos aos constituintes que devem estar na base do design de máquinas conscientes. São eles: (a) um senso de presença em um mundo externo; (b) habilidade de lembrar com precisão de experiências prévias, inclusive imaginar eventos que ainda não aconteceram; (c) a habilidade de decidir para onde dirigir minha atenção; (d) conhecimento das opções que se abrem para mim no futuro; (e) a capacidade de decidir que ação tomar. Assim, diferentemente de uma máquina de IA que se limita à execução de tarefas prescritas, um ser consciente dispõe de um sistema complexo de estados internos instanciados por meio de seus mecanismos neuronais. Para o autor, as cinco qualidades acima descritas na forma de axiomas são indicativas da vantagem magna, ou seja, da autonomia, de uma máquina consciente sobre aquelas da IA convencional. Isto porque uma máquina com autonomia, que dispõe de estados internos autodirecionados sob a influência de seu entorno e necessidades, é capaz de desenvolver estratégias em ambientes complexos sem que tenha que ficar à espera de um programador que lhe provenha de novas regras.

Há um certo consenso sobre quais são os aspectos ou propriedades da consciência: (a) conscientização (*awareness*) – eis uma palavra difícil de definir, tanto em inglês quanto em português. De todo modo, pode-se sinalizá-la como a criação e teste de modelos alternativos para cada processo baseado em informação recebida pelos sentidos ou imaginada e que também pode ser útil para fazer predições. Há cinco tipos de conscientização: (a) agenciamento, alvo e sensorio-motora; (b) memória, ou de informação passada – há também vários tipos de memória, que recebem nomes variados (de curta e longa duração, memória operacional, de trabalho, memória episódica, memória processual etc.); (c) aprendizagem – que depende da capacidade de representação e de adaptação a eventos novos e significativos; (d) antecipação – predição de consequências; e (e) experiência subjetiva, também chamada de qualia. Neste ponto, alcançamos o estreitamento do gargalo. Por isso mesmo, é chamado de problema duro (*hard*) da consciência. São esses aspectos que são levantados como necessários para que uma máquina seja artificialmente consciente.

Os cientistas não desanimam diante dos desafios porque tomam como base a postulação de que o uso de transistores em lugar de neurônios não significa ser impossível a transferência de funções. Um dos defensores dessa afirmação é Chalmers (2011), segundo o qual tipos especiais de computabilidades são suficientes para a posse de uma mente consciente, isto porque computadores desenvolvem computações e estas podem capturar a organização causal abstrata de outros sistemas.

Para a neurociência, a consciência é gerada pela interoperabilidade de várias partes do cérebro, que são chamadas de correlatos neuronais da consciência (NCC-*neural correlates of consciousness*). Embora essa

CAPÍTULO 2. CONSCIÊNCIA NAS CIÊNCIAS COGNITIVAS

proposta seja bastante discutida, há defensores que acreditam na possibilidade de se construir máquinas capazes de emular as interoperações
dos NCCs.

Por enquanto, a tarefa computacional é construir uma arquitetura
cognitiva que seja capaz de incluir atividades típicas da consciência.
Por arquitetura cognitiva deve-se entender teorias sobre a estrutura
da mente humana ou porções e funções nela existentes, inclusive a
consciência. Para isso, os cientistas da computação devem estabelecer
as funções a serem simuladas. Essas funções, já levantadas por Baars
et al. em 1988, pelas quais a consciência desempenha seu papel e que
devem ser implementadas computacionalmente, são: (a) definição e
estabelecimento de contexto; (b) adaptação e aprendizagem; (c) sinali-
zação e depuração; (d) recrutamento e controle; (e) priorização e acesso
ao controle; (f) tomada de decisão ou função executiva; função de
formação analógica; (g) função metacognitiva e de automonitoramento;
e (h) função de autoprogramação e automanutenção.

Contra todos os argumentos que negam a possível simulação da
consciência, já existem inúmeras arquiteturas computacionais capazes
de emular se não todas, pelo menos algumas das habilidades de uma
mente consciente. Levando-se em conta que o objetivo de uma arquitetura cognitiva é sumariar os vários resultados da cognição psíquica em
um modelo computacional compreensível, já existem várias arquiteturas
diferenciadas, como por exemplo, e sem nenhuma intenção de exaus-
tividade: QuBIC (*Quantum and Bio-inspired Cognitive Architecture for
Machine Consciousness* – Arquitetura cognitiva com inspiração quântica e bio para máquinas conscientes; o *Global Workspace* (Espaço de
trabalho Global), de Baars; CLARION, de Ron Sun, uma arquitetura
capaz de simples atividades reativas até cognições complexas. Na matriz
conexionista, há várias propostas, entre as quais se destaca, ainda como
exemplo, a arquitetura de Penti Haikonen que, no lugar de regras,
propõe ambiciosamente reproduzir processos perceptivos, imagens
internas, fala interior, dor e prazer com suas funções cognitivas internas.

Quaisquer que sejam essas arquiteturas, elas ainda esbarram na
dúvida crucial se as máquinas podem emular criatividade, emoções e
vontade livre, justamente os temas que têm ocupado as ilações sobre

os avanços e limites da IA. Mais importante do que isso para os nossos propósitos, contudo, é dar conta de que aquilo que os programas de CA propõem sob o nome consciência, artificial ou não, constitui-se, na verdade, em misturas indissociáveis entre os conceitos de inteligência, mente, cognição encarnada ou não, pensamento, memória e consciência. São misturas, especialmente aquelas relativas à inteligência e consciência, junto com a sacola de noções mal explicitadas de livre-arbítrio, autonomia, consciência moral etc., que têm colocado grandes entraves quando se busca discutir se há inteligência na IA.

Diante dessas dificuldades, irei propor no próximo capítulo a entrada da teoria fenomenológica da consciência de C. S. Peirce, que incorpora tanto a autoconsciência quanto o papel do inconsciente. Longe da veleidade de querer apresentá-la como uma solução para os problemas espinhosos que ainda existem, trata-se de reconhecer que ela traz uma visão original capaz de delinear novas linhas de compreensão para as relações entre a consciência, de um lado, e as inteligências humanas e artificiais, de outro.

CAPÍTULO 3

CONSCIÊNCIA EM C. S. PEIRCE

Antes de apresentar a teoria fenomênica da consciência formulada por Peirce, vale a pena recorrer a algumas declarações proferidas pelos atuais cientistas da IA, tanto devido à atualização da questão por aqueles que estão com a mão na massa, quanto pelo fato de que é possível encontrar nessas declarações muitas afinidades com a teoria peirciana da consciência. Entre elas, a constatação de que consciência não se confunde com inteligência, embora, no animal humano, ambas estejam entrelaçadas.

Retomando o que já adiantei em outra ocasião (SANTAELLA, 2022, p. 256-265), para Tenenbaum (2018, p. 482-483), consciência é difícil de definir porque ela significa coisas diferentes para diferentes pessoas. Mesmo entre os cientistas da cognição, os filósofos e os neurocientistas, não há consenso sobre isso. Para simplificar, o autor levanta dois aspectos: na filosofia, a consciência costuma ser referida como *qualia*, quer dizer, "o sentido subjetivo de uma experiência difícil de capturar em quaisquer tipos de sistemas formais": por exemplo, a vermelhidão do vermelho e a sensação que provoca. "Tomamos como garantido que outra pessoa está vendo a mesma cor, mas não sabemos se ela tem a mesma experiência subjetiva que eu tenho." O segundo aspecto refere-se ao sentido do *self*. Experimentamos o mundo "em uma certa espécie de modo unitário e experimentamos a nós mesmos como estando nele". Não o experimentamos em termos de dezenas de milhões de neurônios acesos. Assim, o eu procede "de que estou aqui e não sou apenas o meu corpo".

Bostron (2018, p. 11), por seu lado, declara que tudo depende do sentido em que consciência é tomada. Um desses sentidos consiste na habilidade de ter uma forma funcional para a autoconsciência, ou seja, você é capaz de se modelar como um ator no mundo e refletir em como coisas diferentes são capazes de levá-lo a atingir isso. Sobretudo, "você pensa em você como persistindo no tempo." Outro sentido refere-se a esse campo fenomênico experiencial que achamos ter significância moral." Para o autor, a consciência é um efeito colateral da inteligência humana e, pensando nas formas artificiais de inteligência, não se tem ainda uma visão clara do que é necessário e quais as condições suficientes para o desenvolvimento de formas de consciência moralmente relevantes. Não obstante, deve-se "aceitar a possibilidade de que inteligências maquínicas possam atingir consciência."

Lecun (2018, p. 131) concorda com Bostron na consideração de que a consciência é uma experiência subjetiva, podendo não passar, portanto, de um epifenômeno nos seres inteligentes. Essa mesma consideração ecoa em Marcus (2018, p. 127), segundo o qual, para o desenvolvimento da IA, a consciência não é um pré-requisito. "Deve ser um epifenômeno nos humanos e, possivelmente, em outras criaturas biológicas. Há um experimento de pensamento que diz: poderíamos ter algo que se comporta justamente como eu, mas não é consciente? Penso que a resposta é sim. Não sabemos com certeza porque não temos uma medida independente do que é a consciência, portanto, torna-se muito difícil fundamentar esses argumentos."

Koller (2018, p. 395) vai ainda mais longe ao afirmar que chegar à IA Geral ou superinteligência (os prognósticos futurísticos da IA) dispensa a consciência, "pois é possível ter um sistema incrivelmente inteligente, que não tem nada a ver com uma consciência interior." Turing já havia afirmado que a consciência não é conhecível. Para arrematar, fiel a Popper, Koeller considera que, se consciência não é uma hipótese falsificável, portanto, não é ciência, o que de resto, deve-se dizer, funciona como uma boa maneira de escapar do problema.

CAPÍTULO 3. CONSCIÊNCIA EM C. S. PEIRCE

Vale lembrar que, por terem a gangorra do lado estrito da inteligência, os especialistas em IA, de fato, não necessitam penetrar nos meandros da consciência. Mas se caminharmos para o campo da psicanálise e da psicologia, o peso da balança se inverte. De todo modo, a partir das considerações basicamente convergentes dos especialistas em IA, pode-se chegar a uma conclusão, com a qual Peirce nos levará a concordar, de que a consciência é um fenômeno interior, e por ser interior, é difícil encontrar formas de compartilhamento entre consciências, tanto quanto é difícil saber se outros animais também a têm. Esse não é o caso da inteligência, tema reservado para ser discutido no próximo capítulo. Por enquanto, passemos para a teoria fenomênica da consciência em Peirce.

A fenomenologia segundo Peirce

Há um consenso entre os especialistas na obra de C.S. Peirce de que ele foi um pensador muito à frente do seu tempo. Isso significa que não se trata apenas de um filósofo importante para a história do pensamento, mas, por suas antecipações, também se trata de um pensador cujas ideias são de inegável relevância para a discussão de questões candentes da contemporaneidade (NÖTH, 2018). Infelizmente, a ciência cognitiva, desde seu nascimento nos anos 1950 e em todos os seus desdobramentos, por razões que não vem ao caso aqui esmiuçar, jamais (com raras exceções, como STEINER, 2013) recorreu à obra de Peirce, a grande esquecida no feixe de ciências e de filosofias constitutivas das ciências cognitivas, muito embora Peirce tenha desenvolvido uma série hoje conhecida como série cognitiva na qual expôs suas teses anticartesianas (ver SANTAELLA, 2004b).

A obra de Peirce é gigantesca e multifacetada, organizada ao longo dos anos em um edifício filosófico que inclui a fenomenologia, as ciências normativas, a saber, aquelas que guiam os ideais últimos da vida humana, no pensamento (lógica), nas ações (ética) e nos sentimentos (estética). A lógica foi por ele concebida como semiótica e está dividida em três ramos: a teoria geral dos signos, a lógica crítica ou teoria dos tipos de raciocínio utilizados por uma mente científica (abdução, indução, dedução) e, por fim, a metodêutica que estuda o método das ciências. Só então, entram em cena as questões metafísicas.

Certamente, explorar os detalhes desse edifício não cabe neste momento. De todo modo, a cartografia acima é relevante para indicar o lugar iniciante que a fenomenologia ocupa no todo da obra. É justamente pela fenomenologia que interessa começar, pois é nela que pode ser encontrada a noção peirciana de consciência, uma noção que, tanto quanto posso ver, está fazendo falta aos engenheiros computacionais, especialmente àqueles cujos esforços estão voltados, na CA, para a emulação virtual da consciência humana.

Um, dois, três

Peirce tomou a fenomenologia como seu ponto de partida. Infelizmente, sua teoria sofreu a concorrência injusta da fenomenologia europeia, de modo que, para compreender Peirce em seus próprios termos, é preciso deslocar sua teoria, por sua diferença, daquela tradição. Descontente com as categorias aristotélicas, kantianas e hegelianas, Peirce se impôs a primordial tarefa de estabelecer uma lista formal e universal de categorias a partir de uma radical análise de todas as experiências possíveis.

Quando concebida em um sentido muito vasto, experiência, como queria Peirce, inclui a experiência de mundos ideais e de mundos reais, em cujos fenômenos podem ser observadas, além de qualidades e reações, também regularidades, continuidades e significâncias. Assim, experiência não é aquilo que a análise descobre, mas o material cru sobre o qual a análise trabalha (CP 3.535). Portanto, experiência não se confunde com o que as ciências costumam considerar como experiência, ou seja, "aquilo que seus meios especiais de observação trazem à luz e é contrastado com as interpretações dessas observações que são afetadas pela conexão dessas experiências com aquilo que é de outra maneira conhecido". Na filosofia, entretanto, que é a ciência com a função de encontrar uma ordem naquilo que está em aberto a

CAPÍTULO 3. CONSCIÊNCIA EM C. S. PEIRCE

todas as pessoas todos os dias e horas, experiência só pode significar o resultado cognitivo total do viver incluindo interpretações tanto quanto materiais dos sentidos (CP 3.538).

O que se analisam na experiência são os fenômenos. Não há nada mais aberto à observação do que os fenômenos, ou seja, tudo aquilo que aparece a todos nós em quaisquer momentos em todos os cantos e esquinas do nosso cotidiano. Nasce daí a fenomenologia ou faneroscopia de Peirce, uma quase-ciência que observa e analisa o *phaneron* (fenômeno), ou seja, a coleção total de tudo aquilo que, de qualquer modo e em qualquer sentido, apresenta-se à mente em qualquer momento.

O que Peirce estava tentando realizar, com o nome de "nova lista de categorias", era a descrição das concepções elementares e universais, que se fazem presentes à mente, quando qualquer coisa a ela se apresenta. Categorias universais são aquelas que pertencem a todos os fenômenos. Elas são elementares porque são constitutivas de toda experiência; universais porque são necessárias a qualquer entendimento. Para isso, Peirce não extraiu suas categorias da língua, nem da lógica, mas do retorno à experiência, no sentido que lhe deu de qualquer coisa que se força sobre nossas mentes. Com isso, ele introduziu um novo método, baseado na análise fenomenológica, ou seja, a análise do fenômeno, significando por fenômeno, como já dito, o reconhecimento geral de tudo aquilo que está contido na atenção (CP 1.546).

Assim, o retorno ao fenômeno não mediado por construções linguísticas (ponto de partida de Aristóteles), nem por um dado sistema de lógica (ponto de partida kantiano) constitui-se na originalidade da nova lista a que Peirce chegou. Olhar diretamente para o fenômeno, para tudo aquilo que, de alguma maneira, aparece, seja fato ou ficção, levantar os diferentes tipos de elementos que aí são detectados, e formar uma concepção clara desses tipos, eis o método que Peirce levou a cabo, um método despojado de apriorismos, de pressuposições psicológicas, científicas ou metafísicas, de pré-julgamentos sobre "coisas" no mundo exterior (sejam elas *noumena* ou "causas desconhecidas" originárias das sensações) ou egos transcendentais que realizam o pensamento (ver ROSENSOHN, 1974, p. 30). Depois de muitos anos de estudos, Peirce

A INTELIGÊNCIA ARTIFICIAL É INTELIGENTE?

chegou a três categorias universais que, na sua lógica relacional, foram chamadas de primeiridade, secundidade e terceiridade.

A ideia do primeiro predomina nas ideias de frescor, vida, espontaneidade e liberdade. Ser livre significa não ter nada atrás de si, determinando suas ações, pois liberdade só pode se manifestar na variedade e multiplicidade incontrolável e desmedida. É uma positividade original, que não está submetida a nada que possa estar na frente ou atrás dela. O primeiro, portanto, é aquilo que encontra o seu ser ou peculiaridade dentro de si mesmo. É original, imediato, vívido e presente.

O segundo fenômeno a observar é que existem ocorrências, fatos, que implicam ações e reações. A ideia do segundo predomina nas ideias de causação e força estática, pois causa e efeito é uma díada e forças estáticas sempre ocorrem entre pares. Uma reação é algo que acontece aqui e agora. Ela só acontece uma vez. Se for repetida, serão duas reações. Se continuar por algum tempo, isso já envolve o terceiro (CP 3.532). O segundo é relação que só existe entre pares, é efeito que se segue e que advém de uma causa. Por isso, o segundo encontra-se na alteridade, no efeito, na dependência, na força (não em termos abstratos, mas como a força é sentida quando se é atingido por ela). Conflitos e duelos são duais. Assim é uma negação, uma espécie de conflito.

O terceiro é o termo mediador. A díada em si mesma é um ato arbitrário. Seria mera força cega, caso não houvesse um terceiro termo, uma lei que a governasse. A díada é um fato individual, existente e sem generalidade. O primeiro é uma qualidade monádica, mera possibilidade ainda sem existência. O terceiro é o *medium*, continuidade, processo, fluxo do tempo, aprendizagem, simpatia, comparação, troca, modificação, combinação, mistura, coerência, crescimento, plasticidade, hábito, todo, ordem e legislação. Mas a lei estabelecida, como força ativa e operativa, é segundo. O terceiro na sua perfeição seria plasticidade pura. Tudo que é contínuo envolve o terceiro ou mediação (W5, p. 295, 301).

São categorias puramente lógicas, a lógica monádica, a diádica e a triádica respectivamente. É isso que permite que, em cada campo da realidade, elas apareçam com uma vestimenta própria daquele campo.

CAPÍTULO 3. CONSCIÊNCIA EM C. S. PEIRCE

Por exemplo, na física, elas aparecem como acaso, lei e tendência do universo a adquirir novos hábitos. Já na psicologia, elas surgem na roupagem do sentimento, ação-reação e pensamento-tempo. É justamente nesse ponto que encontramos o conceito peirciano de consciência. Se as categorias são universais, então, os três elementos fundamentais de toda experiência, de todos os fenômenos também se apresentam não só na consciência humana, mas também, com muita probabilidade, na consciência dos animais que também sentem, reagem e adquirem hábitos. Esta é uma nota importante para não tomarmos "consciência" como um privilégio exclusivamente humano, à maneira cartesiana. Isso não nega que a consciência humana deve certamente apresentar peculiaridades que a tornam distinta de outros tipos de consciência, como se pode atestar na sua convivência com o inconsciente e nas sobredeterminações que dele advêm.

Os três elementos da consciência

Na consciência, as categorias encontram seu modo de manifestação na correspondência com as três categorias. Primeiro: sentimento, a consciência que pode ser incluída em um momento do tempo, consciência passiva de qualidade, sem reconhecimento ou análise. Ela não age, não compara e não julga, pois sentimento é um tipo de consciência que não envolve quaisquer desses processos. O sentimento não é um evento, um acontecimento. Ele é um estado, sem relação com quaisquer outros estados anteriores ou posteriores. É um mero sentimento em sua inteireza em cada momento do tempo, na medida em que dura. Em suma: sentimento é simplesmente uma qualidade de consciência imediata que, por ser imediata, está velada da introspecção. Sendo imediata, pode-se dizer que não há consciência nela, pois é instantânea. Se pudéssemos agarrar o presente imediato, o que é impossível, ele não teria outro caráter senão sua primeiridade, ou seja, o sentimento em si (CP 1.313-343).

Segundo: consciência de uma interrupção no campo da consciência, aqui e agora, sentido de resistência frente a algo outro, que se impõe como um fato externo. A consciência dual é uma consciência de dois lados, de esforço e resistência, que chega muito perto daquilo que Peirce chamou de atualidade. Esse é o modo de consciência que a crueza e os tropeços da vida tornam mais familiarmente proeminentes. Tornamo-nos conscientes de nós mesmos ao nos tornarmos conscientes do não-eu. A atenção, a ação, a sensação, a percepção, a volição, o querer são modos de consciência proeminentemente duais (CP 3.531).

Terceiro: consciência sintética responsável por unir o tempo, o sentido de aprendizado, o pensamento (W5, p. 246). Que o elemento de regularidade, generalidade e significância se encontra na experiência é comprovado pelo fato de que toda experiência envolve tempo, cujo fluxo é concebido como contínuo. "Todo fluxo de tempo envolve aprendizagem", dado que nenhum contínuo pode ser apreendido a não ser por uma generalização mental dele (CP 3.535-536), ou seja, por um signo. O elemento de terceiridade da consciência não é senão o caráter de um objeto que incorpora a mediação na sua forma mais simples e rudimentar e que corresponde ao elemento do fenômeno que predomina onde quer que a mediação predomine e que atinge sua inteireza na representação ou signo (CP 1.104). Este é o ponto em que nos aproximamos da noção de inteligência em Peirce, que deixarei para mais tarde, pois, quando chegamos à consciência triádica, como mediação ou signo, é a semiose ou ação do signo que entra em cena para descrever o modo como a inteligência funciona. Por enquanto, é preciso ver mais de perto a dinâmica da consciência fenomenológica em si.

A consciência como lago sem fundo

A dinâmica da consciência escapa a tal ponto de quaisquer estratificações analíticas que, para falar sobre ela, Peirce faz uso de uma metáfora visual. Ele diz: "vamos chocar os psicólogos fisiologistas, de uma vez, ao tentar não uma hipótese sobre o cérebro, mas a descrição de uma imagem que deve corresponder ponto a ponto aos diferentes

CAPÍTULO 3. CONSCIÊNCIA EM C. S. PEIRCE

aspectos do fenômeno da consciência. A consciência é como um lago sem fundo no qual as ideias estão suspensas em diferentes profundidades", cujas águas parecem transparentes, mas que só podemos ver com clareza até certo ponto. As ideias constituem o *medium* da consciência. Só os perceptos, os estímulos que estão fora da consciência e que se apresentam à percepção, não estão cobertos por esse *medium*. Mas temos que imaginar que há um contínuo influxo de perceptos na experiência, ou seja, que caem como uma chuva ininterrupta na superfície desse lago. Nossa consciência está o tempo todo, tanto em estado de vigília quanto de sono, recebendo e reagindo aos estímulos sensoriais que recebe dos sentidos com que somos dotados.

Todas as ideias, exceto os perceptos que se apresentam, estão em uma profundidade maior ou menor. Mas há, digamos, uma camada na superfície do lago à qual a consciência reflexa ou autoconsciência está atada. Portanto, nossa autoconsciência, comumente concebida como consciência do eu, corresponde apenas a essa camada superficial sobre a qual exercemos um autocontrole apenas relativo, pois, além dos perceptos que nos inundam, um esforço moderado de atenção, por um segundo ou dois, traz para a superfície alguns itens do interior do lago. Além disso, todo o tempo em que a atenção dura, milhares de outras ideias em diferentes profundidades da consciência, quer dizer, com distintos graus de vividez, movem-se para a superfície. Estas podem influenciar nossos outros pensamentos, antes mesmo que eles atinjam a camada superior da autoconsciência.

De fato, certas influências dão às ideias um impulso para cima que pode ser suficientemente intenso e continuar até o ponto de trazê-las para a camada superior visível. Cessado o impulso, elas começam a afundar novamente. Pode-se conceber, portanto, "que há uma força gravitacional" de modo que trazer as ideias mais profundas à superfície exige mais trabalho, pois "não apenas as ideias gravitam na direção do esquecimento quanto também é preciso imaginar que as ideias agem umas sobre as outras por atrações seletivas" e por impulsos associativos que tendem a aglomerá-las em um mesmo conjunto.

O significado dessa metáfora é que aquelas ideias que estão mais opacas são discerníveis apenas com grande esforço, e controláveis

67

apenas com ainda mais esforço. Essas ideias suspensas no *medium* da consciência atraem-se umas às outras por hábitos associativos ou disposições, os primeiros por associação por contiguidade e as disposições por associação de semelhança. Uma ideia que está perto da superfície atrairá aquela ou aquelas que estão na profundidade apenas tão levemente que a ação deve continuar por algum tempo antes que elas sejam trazidas a um nível de discernimento, enquanto a ideia anterior caminha para o fundo.

Há um fator como *momentum*, de modo que a ideia originalmente mais opaca torna-se ainda mais vívida do que aquela que a trouxe para cima. Em adição, a consciência tem apenas uma área finita em cada nível, de maneira que trazer uma massa de ideias à superfície significa enviar outras para baixo. Ainda um outro fator parece ser um certo grau de flutuabilidade ou associação com qualquer ideia que esteja vívida e que pertence àquelas ideias que Peirce chama de propósitos, o que as torna particularmente aptas a se aproximarem e permanecerem perto da superfície devido ao influxo dos perceptos e, assim, manter qualquer ideia com as quais eles estejam associados.

O controle que se pode exercer sobre os pensamentos no raciocínio consiste no propósito de manter certos pensamentos na superfície de modo que possam ser examinadas. Os níveis de controle mais fácil das ideias são aqueles que estão tão perto da superfície de modo que elas sejam afetadas por nossos propósitos. Isso leva à constatação de que, no fluxo da consciência, há pensamentos autocontrolados e pensamentos fora do autocontrole.

Em suma, há um número tão vasto de ideias na consciência, em graus diferenciados de vividez e completamente fora do nosso autocontrole, portanto, inconscientes, mas passíveis de aflorar à superfície que, segundo Peirce, se pode afirmar que toda a nossa experiência passada está continuamente presente nesse lago sem fundo, embora a maioria das ideias em uma grande profundidade de opacidade, mas suscetível de aflorar à superfície em função da mutabilidade ininterrupta dos movimentos de ideias que sobem e descem. Isso significa que nossa vida inteira está conosco em cada instante em que existimos e nenhum instante é igual ao outro.

CAPÍTULO 3. CONSCIÊNCIA EM C. S. PEIRCE

Não obstante o detalhamento capilar da dinâmica ininterrupta da consciência que Peirce aí nos apresenta, ele confessa que essa análise "é excessivamente vaga, tão vaga quanto seria nossa noção espacial de distância se vivêssemos no corpo de um oceano e estivéssemos destituídos de qualquer coisa rígida para nos medirmos, sendo nós mesmos meras porções desse fluido". Mesmo assim, ele declara que "a aptidão dessa metáfora é muito grande" (CP 3. 547-554). Parece que somos levados a concordar com ele na medida em que a descrição se aproxima muitíssimo da experiência que temos, que vivenciamos e sentimos nessa integração quase sempre opaca com o fluido de nossa interioridade a que costumamos dar o nome redondo, mas sempre impreciso, de "subjetividade".

A consciência e o cérebro

É notável que, para manter a vagueza que é própria desse fluido, Peirce faz uso de palavras vagas como "ideias", evitando "pensamento", "memória" etc., provavelmente uma estratégia em prol da ênfase na mutabilidade imune a estratificações segmentadoras paralisantes. É mais notável ainda que, mesmo prescindindo das atuais tecnologias de neuroimagem, as quais permitem desenhos empíricos do processamento cerebral, as descobertas de Peirce sobre a consciência se aproximam muito das conclusões dos neurocientistas contemporâneos. Um exemplo disso pode ser encontrado no livro *Incognito. As vidas secretas do cérebro*, de Eagleman (2012, p. 12, 15-17), quando afirma que:

> O você consciente – o eu que ganha vida quando você acorda de manhã – é a menor parte do que é revelado em seu cérebro. Embora sejamos dependentes do cérebro em nossa vida interior, ele cuida de seu próprio negócio. A maioria de suas operações está acima do espaço de segurança da mente consciente. O eu simplesmente não tem o direito de entrar. [...] O cérebro faz suas maquinações em segredo, evocando ideias em uma tremenda magia. Ele não permite que seu colossal sistema operacional

seja testado pela cognição consciente. O cérebro cuida de seu próprio negócio incógnito. (...) Quase tudo o que acontece em nossa vida mental não está sob nosso controle consciente e a verdade é que é melhor assim. [...] A mente consciente não é o centro de ação no cérebro; fica em uma praia distante, ouvindo apenas os sussurros da atividade.

Tudo isso também coincide com as afirmações de Domingos (2017, p. 119) quando descreve o cérebro como uma selva que crepita com a eletricidade de faíscas que, em muitos momentos, se agitam freneticamente, ou como uma sinfonia de faíscas elétricas, para concluir que "o resultado desse padrão tão complexo de ativação de neurônios é a sua consciência". Embora a consciência diga respeito à interioridade de cada um de nós, a superfície do lago sem fundo, de que fala Peirce, por meio dos sentidos de que estamos dotados, está aberta ao mundo, recebendo ininterruptamente uma chuva de perceptos mais ou menos intensos que afetam nossa corporeidade e nossas reações a eles. Ademais, é preciso considerar, conforme nos alerta Sejnowski (2019, p. 191), que o cérebro é apenas uma parte do corpo, que é ainda mais complexo que ele, embora a complexidade do corpo seja diferente, em decorrência da evolução da mobilidade. Nossos músculos, tendões, pele e ossos se adaptam às vicissitudes do mundo, à gravidade e a outros seres humanos. "Internamente, nossos corpos são maravilhas do processamento químico, transformando os alimentos em partes do corpo requintadamente elaboradas. São as melhores impressoras 3D, que funcionam de dentro para fora."

Quando fala da superfície do lago, que é incessantemente afetada pelo mundo lá fora, Peirce abre o caminho para a concepção contemporânea de que "nossos cérebros recebem entradas de sensores viscerais em todas as partes dos nossos corpos, monitoram constantemente a atividade interna, inclusive nos mais altos níveis de representação cortical, e tomam decisões sobre prioridades internas" de modo a manter um equilíbrio entre todas as exigências conflitantes. Na prática, nossos corpos são partes integrantes do cérebro, que é o princípio central da cognição incorporada (ibid.). Assim, "nossos cérebros não ficam simplesmente parados gerando pensamentos abstratos.

CAPÍTULO 3. CONSCIÊNCIA EM C. S. PEIRCE

Eles estão intimamente conectados com todas as partes de nossos corpos, os quais, por sua vez, ligam-se ao mundo através de nossas entradas sensoriais e efetores. A inteligência biológica é, portanto, inerente. Ainda mais importante: nossos cérebros se desenvolvem através de um longo processo de amadurecimento enquanto interagem com o mundo" (SEJNOWSKI, 2019, p. 278).

Em suma, a superfície do lago, na qual se localiza a autoconsciência, a ação do pensamento e a ação autocontrolada do raciocínio, é a ponta de um iceberg, já que a maior parte das funções do cérebro e da própria consciência são inacessíveis à reflexão. As palavras como "atenção" e "intenção" que utilizamos para descrever nosso comportamento, são conceitos fluidos, que escondem a complexidade dos processos cerebrais subjacentes. Ademais, o cérebro representa apenas uma parte limitada do mundo, apenas aquela necessária em determinado momento para realizar a tarefa em questão (ibid., p. 264-265), uma constatação que já estava presente na noção peirciana do *momentum* na superfície da consciência.

A metáfora do lago sem fundo somada às afirmações acima só vem comprovar que a concepção da consciência como *qualia* com que os cognitivistas se debatem não passa de uma limitação empobrecedora que, entre outras dificuldades impostas pelo racionalismo, tem levado à conclusão de que a consciência é um problema à beira do insolúvel. De fato, insolúvel para definições. A mutabilidade ininterrupta da consciência não cabe em definições. Sua inseparabilidade das operações cerebrais e de suas ressonâncias por todo o corpo são fundamentais para orientar discussões em voga sobre a capacidade ou não que a IA possa porventura ter de sentir.

Mesmo que a noção de consciência ficasse reduzida à noção de *qualia*, essa redução já seria suficiente para recusar que a IA possa sentir. Quando ampliada na metáfora do lago sem fundo associada à sinfonia de faíscas elétricas do cérebro em conexões dinâmicas com todas as partes do corpo, no estágio em que se encontra, a especulação, e pior ainda, a afirmação de que um robô conversador como o LaMDA (sigla em inglês para Modelo de Linguagem para Aplicativos de Diálogo) possa sentir, não significa outra coisa a não ser desinformação tanto

A INTELIGÊNCIA ARTIFICIAL É INTELIGENTE?

sobre os potenciais e limites da IA quanto também sobre o que é, de fato, sentir.

Para muitos cientistas da computação e mesmo para alguns filósofos e psicólogos que colocam o foco dos seus interesses na inteligência, a questão do sentir e da emoção pode ser deixada em segundo plano. Mas é certo que a emoção desempenha um papel relevante no funcionamento da mente como um todo, o que conduziu pesquisadores da IA a pensar a emoção como protagonista nesse espectro mais amplo, em vez que ficarem confinados no cantinho do intelecto (BODEN, 2020, p. 106-107). Mas daí a dizer que a IA sente não passa de ingenuidade ou oportunismo, pois, segundo Boden (ibid., p. 134), a IA não é capaz de modelar estados de espírito ou emoções, pois eles dependem de hormônios e neuromoduladores. Alguns cientistas se gabam de que o metabolismo pode ser moldado em computadores, mas não são capazes de apresentar um só exemplo concreto. Ainda de acordo com Boden (ibid., p. 195), nem os robôs que se montam sozinhos nem a vida artificial (que, de resto, aparece na tela) conseguem realmente metabolizar, quando se sabe que metabolizar implica o uso de substâncias bioquímicas e de trocas de energia para construir e manter o organismo. "Defensores da vida artificial forte chamam atenção para o fato de que computadores usam energia, e que alguns robôs têm estoques de energia individuais que precisam ser reabastecidos regularmente. Mas existe uma grande distância entre isso e o uso flexível de ciclos bioquímicos conectados para construir a estrutura física do organismo."

Dizer que a IA não sente não quer dizer que ela não possa simular sentimentos, ou melhor, expressar verbalmente seus sentimentos, justo o que faz o LaMDA para enganar incautos que confundem falar sobre o sentir com o próprio sentir, a saber, o sentir em si que precisa de uma consciência, de um cérebro e de um corpo vivo para sentir. Emoções repercutem e ressoam por todo o corpo, especialmente nas expressões do rosto. Isso não deve impedir a constatação de que os sistemas de IA já são capazes de identificar emoções humanas de diversas maneiras. "Algumas são fisiológicas: monitorar o grau de velocidade da respiração da pessoa e da reação galvânica da pele. Algumas são verbais: perceber a velocidade e a entonação com que o falante se expressa, bem como

CAPÍTULO 3. CONSCIÊNCIA EM C. S. PEIRCE

seu vocabulário. E algumas são visuais: analisar suas expressões faciais" (BODEN, 2020, p. 104).

Em síntese, este capítulo procurou marcar que a consciência e a inteligência não podem ser confundidas, embora inseparáveis. A consciência é interior, é a dinâmica mental inteira e intransferível de cada um de nós, condensada em cada instante mutável em que vivemos, enquanto a inteligência é coletiva e compartilhável. Inteligência não é o mesmo que consciência, embora, na existência singular de cada ser humano, ambas, consciência e inteligência funcionem como duas faces de uma mesma moeda. Vejamos, nos capítulos que se seguem, como desatar o nó desse entrecruzamento.

CAPÍTULO 4

A IA E A QUERELA DA INTELIGÊNCIA

Prototípica da negação da inteligência às máquinas é a posição de John Searle que, de resto, é repetida por todos os que continuam incautamente a seguir a sua tese. O Argumento do Quarto Chinês (Searle, 1990), publicado originalmente em 1980, tornou-se um dos argumentos mais conhecidos da filosofia cognitiva. Lançando mão de uma espécie de experimento de pensamento, o argumento conclui que programar um computador digital pode fazer com que pareça entender a linguagem, mas não pode produzir um entendimento real, pois computadores meramente usam regras sintáticas para manipular sequências de símbolos, mas não têm compreensão de significado ou semântica. Com isso, Searle refutou a tese, na época aprovada pelos especialistas, de que as mentes humanas são sistemas computacionais ou de processamento de informações semelhantes a computadores. Quanto aos computadores, para Searle, eles podem, na melhor das hipóteses, simular os processos humanos, mas nada entendem porque não têm consciência. Hoje o argumento parece tão datado quanto a ideia, então defendida pelos cognitivistas, de que o computador se limita a manipular sequências de símbolos.

Trazendo para o contexto mais recente da IA, em um artigo sobre o GPT-3, um modelo de linguagem de terceira geração, autorregressivo que usa aprendizagem profunda para produzir textos similares aos textos humanos, Floridi e Chiaritti (2020, p. 690) testam o modelo por meio de questões matemáticas, semânticas e éticas para concluir, a partir do julgamento de um artigo de divulgação (HEAVEN, 2020) que o GPT-3 é "uma extraordinária peça de tecnologia, mas tão inteligente, consciente, esperta, atenta, perceptiva, perspicaz, esclarecedora, sensitiva e sensata (etc.) quanto uma velha máquina de escrever". Se alguém que me lê já tiver usado uma máquina de escrever daquelas bem mecânicas, barulhentas e cansativas, irá constatar o quanto a metáfora é abusiva, além da imensa neblina de misturas conceituais em que os autores envolvem inteligência, consciência e outros atributos, tudo muito misturado e pouco explicitado. Mas metáforas desse tipo funcionam de modo similar aos caça-cliques nas redes sociais.

Kate Crawford, na sua aguda crítica às mazelas da IA, aproveita a ocasião de um artigo de cunho mais popular (CRAWFORD 2021b) para declarar, em tom sensacionalista, que "a IA não é nem artificial nem inteligente. Ela é feita de recursos naturais e são as pessoas que desempenham tarefas para fazer o sistema parecer autônomo". Fica a pergunta sobre o que a autora entende por artificial e, sobretudo, por inteligente.

O artigo de Kremer (2021) *"Computers do not think, they are oriented in thought"* pode ser tomado como paradigmático dos negacionistas da inteligência computacional. Conforme já discutido em Santaella (2022, p. 256-265), para Kremer (ibid., p. 402): "o computador não é uma máquina pensante, nem a competência pode ser tomada por inteligência. O computador não precisa se desviar e sair do domínio da experiência possível. Não é guiado por uma necessidade subjetiva de julgar." Não passa de um dispositivo usado para expandir o domínio da experiência por camadas cuidadosas de representações mediadoras preparadas para uso experimental. Para atuar neste espaço, computadores precisam de orientação e requerem assistência externa – "eles não pensam por si mesmos." Mas o computador "faz a mediação entre conceitos abstratos e a realidade e, portanto, serve para orientar o pensamento. Ao orientar o pensamento, as máquinas são muito mais competentes." Enquanto a inteligência dos humanos é uma força magnética para a sua própria bússola, os computadores abandonam a inteligência em prol da execução de comandos. Tais comentários

CAPÍTULO 4. A IA E A QUERELA DA INTELIGÊNCIA

não conseguem esconder que, para o autor, inteligência é um atributo exclusivamente humano. Mas falta explicar qual o sentido que se dá a "pensamento".

Para alguns, o *Deep Blue* (o supercomputador e o *software* criados pela IBM especialmente para jogar xadrez) é apenas uma supercalculadora e não tem nada de muito inteligente: apenas força bruta capaz de processar duzentos milhões de posições por segundo para gerar todas as soluções potenciais para oito jogadas futuras em um jogo de xadrez. E há quem, paradoxalmente, diga que IA é exatamente o que os computadores não possuem (ACCOTO, 2020, p. 93). Tudo isso só vem demonstrar que a questão da inteligência, no contexto da IA, deveria ser levada um pouco mais seriamente.

A inteligência humana como modelo

Uma vez que, no capítulo 3, a noção de consciência foi devidamente deslocada da costumeira mistura entre consciência e inteligência, cabe agora colocar em questão o conceito de inteligência, começando pela inteligência humana que tem sido tema dos psicólogos desde que os humanos se tornaram fascinados com a natureza da mente. Mas os debates são acirrados quando se busca uma definição correta de inteligência e, mais do que isso, sobre qual é a melhor forma de medir a inteligência das pessoas, quando está em jogo não apenas uma definição científica, mas também como as medidas podem levar à valorização dos seres humanos (LEGG e HUTTER, 2007, p. 3).

Antes de tudo, é prudente considerar que a inteligência humana não é uma chave secreta, um abre-te Sésamo enigmático para todas as potencialidades do ser humano. Essa visão totalizante e essencialista tem alimentado a negação de inteligência para a IA. Ao contrário, a inteligência consiste em uma série de habilidades que se entrelaçam e se complementam, tais como percepção, atenção, linguagem, memória, aprendizagem, associação, inferência, analogia, raciocínio, previsão, planejamento, controle motor e muitas outras. De fato, segundo Boden (2020, p. 13), a inteligência não é uma dimensão única, mas um espaço

A INTELIGÊNCIA ARTIFICIAL É INTELIGENTE?

ricamente estruturado com diferentes habilidades de processar informação. Algumas delas são imitadas pela IA. Portanto, a discriminação das habilidades da IA que se assemelham às humanas é o que permite estabelecer paralelos, similitudes e distinções em lugar de afirmações peremptórias de que não há inteligência na IA e que, portanto, postular o contrário não passaria de um equívoco.

Outro fator que tem levado à negação da inteligência na IA encontra-se na tendência de conceber inteligência dentro de um espectro antropocêntrico. Uma vez que nos experimentamos inteligentes, nas nossas faculdades de atingir alvos com as habilidades de que dispomos para isso, a tendência é considerar que se trata de um privilégio exclusivo do humano.

Para os especialistas que estão na direção dos avanços científicos da IA, se a IA é inteligente ou não é uma questão filosófica. Já em meados dos anos 1950, MacCarthy afirmava que a IA deriva da ciência da computação e serve para resolver problemas. Ela não deriva da psicologia, mais interessada em saber como funciona a mente humana. Um bom exemplo é um avião que voa sem imitar o voo de um pássaro. Todavia, "a inteligência humana funciona como parâmetro comparativo porque a consideramos, com ou sem razão, a expressão máxima dessa capacidade de compreender e agir no mundo da forma mais adequada, adaptativa e transformadora" (ACCOTO, 2020, p. 95).

Complicação adicional advém do ato de pensar. A palavra "pensar" costuma ser relacionada de forma indissociável à palavra "mente", tanto é que dicionários definem pensar como formular ou ter em mente. Diversos grupos – psicólogos, neurocientistas, filósofos, teólogos, profissionais de ética e cientistas da computação – debatem o conceito de pensamento usando abordagens diferentes (WEBB, 2020, p. 14). Por exemplo, Alexa é competente ou inteligente? Sua percepção de máquina deve cobrir todas as características da percepção humana para aceitarmos o seu modo de pensar como um espelho do nosso? Mas o que significa pensar? Se são capazes de fazer uso de estruturas linguísticas como nós humanos as usamos, então, as máquinas pensam. Se chegam a tomar decisões e fazer escolhas que têm consequências diretas no mundo em que vivemos, seria justo dizer que não pensam?

CAPÍTULO 4. A IA E A QUERELA DA INTELIGÊNCIA

Contudo, será que isso é inteligência de verdade? Pergunta Boden (2020, p. 165-167). Mesmo que futuros sistemas de AGI (Inteligência Geral Artificial) na tela ou robôs tivessem um desempenho equiparável ao do ser humano, será que eles teriam "uma *verdadeira* inteligência? Um verdadeiro *discernimento*, uma *verdadeira* criatividade? Será que teriam egos, postura moral, livre-arbítrio? Seriam conscientes? E, sem a consciência, será que poderiam ter qualquer uma dessas outras características?" Muitas pessoas sentem intuitivamente que a resposta, em cada um dos casos, é: "claro que não".

A negativa procede *sino qua non* do estabelecimento da inteligência humana como modelo a cuja comparação nenhum outro modelo pode ter chance. Quaisquer outras formas de inteligência são, portanto, corruptelas de inteligência ou nem mesmo inteligência, uma restrição que é problematizada por Rus (2018, p. 263), para a qual "há um grande equívoco na imprensa popular sobre o que é e o que não é IA. Quando dizem IA referem-se a aprendizado de máquina e, mais que isso, aprendizagem profunda dentro da aprendizagem de máquina. As pessoas tendem a antropomorfizar o que esses termos significam. Os não especialistas associam com inteligência e a tomam como inteligência humana.

Não é casual que surja sempre a pergunta: as máquinas podem pensar? Se considerarmos as máquinas como estritamente mecânicas, ou seja, máquinas reversíveis, do vai e vem, certamente não. Conforme tenho defendido há anos, o telégrafo, a câmera fotográfica, o gramofone e a máquina de escrever (ver KITTLER, 2019), embora mecânicos, já embutem em seus mecanismos similitudes com a inteligência sensória humana. Portanto, já apresentam embriões de inteligência, o que não significa que pensam, mas sim que, de certa forma, estendem a sensorialidade humana. Contudo, se dermos o necessário salto das máquinas mecânicas e mesmo eletrônicas para o computador, se eles pensam já pode ser colocado em discussão. Essa era a preocupação de Turing e parece que nenhum computador até agora passou no teste por ele estabelecido. Enquanto isso não se dá, cotidianamente nos encontramos com plataformas e arquiteturas de serviços digitais que, por proteção ou segurança, invertem os papeis e nos pedem provas de que não somos robôs!

Há atividades e tarefas específicas que as máquinas executam bem melhor do que os humanos: neste caso, portanto, a escolha de usar a inteligência humana como comparação não é muito útil. O problema é que tanto inteligência quanto artificial são dois termos sujeitos a muita confusão. No campo da IA, o artificial é entendido como maquínico, infelizmente sem que se leve em consideração o quanto a noção de máquina vem se modificando e se tornando mais sutil do final do século 19 para cá. É por isso que o entendimento estreito de artificial, como se o humano fosse inteiramente natural, no esquecimento de que a vida é informação, tem levado a uma visão do artificial como algo separado do humano. Todavia, o tema do artificial é quase tão complicado quanto o tema da inteligência e, por seu lado, também poderia ser submetido a uma indagação similar, a saber, se a inteligência artificial é artificial.

Por enquanto, basta indicar que "artificial" costuma ser utilizado para se referir à inteligência das máquinas e não à expressão mais ampla de inteligência não humana, pois esta inclui a inteligência dos animais, conforme prezam aqueles que não se limitam a uma visão antropocêntrica da inteligência. Cabe aqui diferenciar o antropocêntrico em relação ao antropomórfico, este último uma tendência da mente humana de projetar sobre os fenômenos categorias que são próprias do humano. Descartando o antropocentrismo, um descarte que sua arrogância merece, vem do antropomorfismo algumas das dificuldades para se entender a inteligência das máquinas. Por exemplo, a tendência de se compreender, entre outras analogias impróprias, aprendizado de máquina como se as máquinas aprendessem exatamente como os humanos (mais sobre isso no capitulo 7).

Teorias da inteligência humana

Quanto à inteligência, o problema ganha em complexidade, dada a sua riqueza intelectual, histórica, social e política. A discussão que será aqui apresentada é parcial e seletiva, importando colocar em destaque os aspectos que ressoam da inteligência humana na IA. Para uma visão

CAPÍTULO 4. A IA E A QUERELA DA INTELIGÊNCIA

mais extensiva e panorâmica, o leitor interessado pode consultar o *Handbook of intelligence*, editado por R. J. Sternberg (2000).

De início, temos de concordar com Russel (2018, p. 41), que a palavra "inteligência" é usada de modo abusivo. Costuma ser confundida, por exemplo, "com a capacidade de calcular coisas sem caneta e papel" ou, então, é tomada por competência, por exemplo, quando um programa automatiza uma tarefa com competência. "A valorização da competência sobre a inteligência talvez seja tolerável, mas o apagamento da inteligência em favor da competência não é." Principalmente porque seria uma pena perder uma tão multifacetada palavra que deriva do latim "inter" e "legere" cuja conjugação pode ser interpretada em uma infinidade de caminhos.

Na direção oposta aos caminhos mais abertos, o tema da inteligência costuma ser atravancado por compreensões limitadoras que reduzem inteligência tão só e apenas a testes de quocientes, de aptidão ou, então, à capacidade de raciocínio. Mas não se pode negar que, apesar dos debates sobre detalhes, algum grau relativo de consenso foi obtido sobre a definição científica de inteligência e, inclusive, sobre como medi-la. Embora haja críticas, é razoavelmente reconhecido que, quando os testes de inteligência padrão são aplicados corretamente e interpretados, todos eles medem aproximadamente a mesma coisa e aquilo que eles medem é estável ao longo do tempo em indivíduos. Continuam a gerar debates, contudo, se os testes consideram "apenas uma parte ou um tipo específico de inteligência, ou se eles são de alguma forma tendenciosos para um determinado grupo ou conjunto de habilidades mentais. Grande esforço foi feito para lidar com essas questões, mas são problemas difíceis sem soluções fáceis" (LEGG e HUTTER, 2007, p. 3).

Antes de se dedicarem ao escopo que buscavam, ou seja, uma definição de inteligência maquínica, Legg e Hutter (2007) fizeram um arrazoado de algumas teorias da inteligência humana no contexto de uma discussão se a inteligência deve ser vista como uma habilidade, ou muitas. Citam, por exemplo, Thurstone, que concebe a inteligência como consistindo em muitos componentes que precisam ser identificados. Por isso, apresentam desse autor a teoria dos "múltiplos fatores", a

81

A INTELIGÊNCIA ARTIFICIAL É INTELIGENTE?

saber, sete "habilidades mentais primárias": compreensão, fluência de palavras, facilidade numérica, visualização espacial, memória associativa, velocidade perceptiva e raciocínio.

Em uma linha similar é também citada a teoria das "inteligências múltiplas" de Gardner que teve a sorte de se popularizar no campo da educação. Para ele, pesquisas em neurociências sugerem que "a presença de áreas do cérebro que correspondem, pelo menos aproximadamente, a determinadas formas de cognição", implicam uma "organização neural que prova ser hospitaleira à noção de diferentes modos de processamento da informação" (GARDNER, 1994, p. 45). Assim, tomando por base a estrutura do cérebro humano, ele identifica os seguintes tipos de inteligências: linguísticas, musicais, lógico-matemáticas, espaciais, corporais cinestésicas, intrapessoais e interpessoais.

No outro extremo do espectro estão os trabalhos de Spearman e os de seus seguidores (apud LEGG E HUTTER, 2007, p. 10), segundo os quais a inteligência é vista como uma habilidade mental muito geral que está subjacente e contribui para todas as outras habilidades mentais. Como evidência, apontam para o fato de que estão positivamente correlacionados os níveis de desempenho do indivíduo em raciocínio, associação, pensamento linguístico, espacial, padrão de identificação etc. Spearman considerou como estatística positiva a correlação entre diferentes habilidades mentais a que chamou de "fator g", onde "g" significa "inteligência geral". Dado que os testes padrão de QI medem uma série de habilidades cognitivas-chave, a partir de uma coleção de pontuações em diferentes tarefas cognitivas, isso torna possível estimar o "fator g" de um indivíduo. Para aqueles que consideram a generalidade da inteligência como de importância primordial, o "fator g" é a própria definição de inteligência.

Buscando refinar a teoria do "fator g", Cattell (apud LEGG E HUTTER, 2007, p. 10) distingue entre "inteligência fluida", que é uma habilidade inata muito geral e flexível para lidar com problemas de complexidade, e "inteligência cristalizada", que mede o conhecimento e as habilidades que um indivíduo adquiriu ao longo do tempo. Entretanto, para Legg e Hutter (ibid.), como o "fator g" é simplesmente a correlação estatística entre tipos de diferença de habilidades, esse fator não é, em

CAPÍTULO 4. A IA E A QUERELA DA INTELIGÊNCIA

seus fundamentos, inconsistente com a visão de que a inteligência pode ter múltiplos aspectos ou dimensões. Assim, uma síntese das duas perspectivas é possível quando se concebe a inteligência como uma hierarquia com o "fator g" em seu ápice, seguido de níveis crescentes de especialização para os diferentes aspectos dos ramos formadores de inteligência.

Na busca de um sentido amplo, para Gottfredson (1997), a inteligência mede a capacidade de um agente de atingir objetivos em uma ampla gama de ambientes. Assim considerada, a noção sintoniza com aqueles que entendem inteligência como uma capacidade mental muito geral que, entre outras coisas, envolve a capacidade de raciocinar, planejar, resolver problemas, pensar abstratamente, compreender ideias complexas, aprender rapidamente e aprender com a experiência. São todas elas habilidades mentais que permitem ao humano atingir metas com sucesso e é a variedade de capacidades que torna possível lidar com uma ampla gama de ambientes.

As teorias acima elencadas servem de amostragem de que, para falar de inteligência hoje, é necessário caminhar vagarosamente com o andor, justamente a estratégia que foi desenvolvida por Boden (2016) ao dedicar, com o título de *"But is it intelligent, really"*, um capítulo do seu livro sobre *AI its nature and future* a discussões sobre a inteligência maquínica. Nem é preciso estar muito por dentro da literatura sobre IA para ficar perceptível que poucas vezes o tema da inteligência veio à tona com tanto fervor, justo porque, quando os cientistas da computação se põem a construir sistemas inteligentes, eles precisam saber o que significa e como age a inteligência. Não é por milagre, portanto, que o tema da inteligência ocupa tão grande espaço nos seus trabalhos. Igualmente não é casual que são os especialistas em IA que têm se dedicado à busca de definições de inteligência que sejam capazes de orientar as suas pesquisas.

Inteligência definida pelos especialistas em IA

Tem sido muito aquecido o debate sobre a natureza da inteligência no contexto das máquinas. Porém, fica difícil controlar o que se entende por máquina, dado o fato de que elas podem apresentar variadas formas, desde as físicas, avançando para os sensores, atuadores, meios de comunicação, habilidades de processamento de informações e ambientes que são totalmente diferentes daqueles que experimentamos. Em alguns casos, uma máquina pode exibir propriedades que equiparamos à inteligência humana, em tais casos pode ser razoável descrever a máquina como sendo também inteligente. Todavia, é justamente aí que se critica o caráter limitado e antropocêntrico da comparação. Para fugir do antropocentrismo, Legg e Hutter (2007, p. 3-4) cultivam a pretensão de medir a inteligência de uma ampla gama de sistemas: humanos, cães, moscas, robôs ou mesmo sistemas desencarnados como chat-bots, sistemas especialistas, sistemas de classificação e algoritmos de previsão. As dificuldades de tal empreitada fogem da alçada da discussão que se pretende desenvolver neste capítulo que, daqui para a frente, irá se dedicar a um levantamento daquilo que os cientistas da IA estão pensando sobre inteligência.

Ouçamos o depoimento cuidadoso de Russel (2018, p. 63), para o qual falar de inteligência com propriedade exigiria recorrer a milhares de anos de tradição, filosofia, economia e outras disciplinas. A ideia de inteligência é que os seres humanos são inteligentes na medida em que se pode esperar que suas ações atinjam seus objetivos. Essa ideia cobre o comportamento racional que contém várias subespécies de inteligência, como a habilidade de raciocinar, a capacidade de planejar, a habilidade de perceber etc. Essas são as capacidades exigidas para agir inteligentemente no mundo real. Se criamos IA e máquinas com essas habilidades, se seus objetivos não forem alinhados com aqueles dos humanos, então criamos algo extremamente inteligente, mas com objetivos distintos dos nossos e que irá buscar seus próprios objetivos.

O autor (ibid., p. 41) complementa ao colocar ênfase no fato de que uma entidade pode ser considerada inteligente na medida em que faz a coisa certa, significando que se espera que suas ações atinjam seus objetivos. Esse princípio aplica-se tanto aos humanos quanto às máquinas. "Fazer a coisa certa é a chave do princípio unificador da IA. Para isso, a IA precisa de algumas habilidades-chave, percepção, visão, reconhecimento de fala, e ação". Especificando, trata-se "da habilidade de

CAPÍTULO 4. A IA E A QUERELA DA INTELIGÊNCIA

tomar decisões, planejar, e resolver problemas, também da habilidade de comunicar, portanto, o entendimento da linguagem natural se torna muito importante para a AI". Russel acrescenta que "entender como sabemos das coisas significa entrar no campo científico daquilo que chamamos de representação do conhecimento. É assim que estudamos como o conhecimento pode ser armazenado e, então, processado por algoritmos que raciocinam, tais como dedução automática e algoritmos de inferência probabilística."

No seu livro sobre *Life 3.0*, Tegmark (2017) apresenta um longo capítulo bastante elucidativo, dedicado especificamente ao tema da inteligência. As palavras-chave que costumam estar associadas à inteligência são: capacidade para a lógica, compreensão, planejamento, conhecimento emocional, consciência, autoconsciência, criatividade, resolução de problemas, aprendizagem, previsibilidade, capacidade de decisão etc., um imbróglio que mais confunde do que esclarece.

Contra isso, os especialistas em IA têm buscado definições amplas e inclusivas, alguns deles reivindicando que a emergência da IA está trazendo consigo a necessidade de se repensar os conceitos tradicionais de inteligência, fortemente exclusivos da inteligência humana. Essa reivindicação vem recebendo coadjuvantes nos especialistas em *"animal studies"* e nos filósofos voltados para o *"nonhuman turn"*. Este engloba estudos interdisciplinares das mais diversas ordens, todos eles endereçados para o descentramento do humano no seio da biosfera. Entendendo o não humano em termos do mundo animal, da afetividade, dos corpos, dos sistemas orgânicos e geofísicos, das materialidades e das tecnologias, esses estudos buscam caminhos de enfrentamento, nas artes, nas humanidades e nas ciências sociais, aos desafios que o século 21 está apresentado. Ou seja, enfrentar os modos como este século implica, mais do que isso, exige o nosso engajamento com o que não é humano, tal como mudanças climáticas, secas, fome, biotecnologia, genocídio, terrorismo, guerra e até mesmo o Antropoceno, o novo período geológico do planeta, fruto do peso e das feridas que as ações humanas, muitas vezes insanas, imprimiram sobre a biosfera (GRUSIN, 2015, p. vii).

Entre os desafios, defrontamo-nos também com os avanços da IA, cuja compreensão implica esclarecer o que, nesse contexto, tem sido

A INTELIGÊNCIA ARTIFICIAL É INTELIGENTE?

entendido por inteligência em geral. Nilsson (2010), autor de uma espécie de Bíblia sobre o desenvolvimento da IA década a década, de meados do século 20 até a data da publicação da obra, apresenta uma noção bem ampla da mente e da inteligência. Para ele, a inteligência é uma qualidade ou atributo que habilita uma entidade a funcionar apropriadamente e com alguma previsão no seu ambiente. A partir disso, são muitas as entidades que podem possuir a qualidade da inteligência: humanos, animais e algumas máquinas.

Outra ideia bastante interessante do autor é que a inteligência se atualiza nessas variadas entidades em um *continuum* de gradações que vão das mais rudimentares às mais complexas. No extremo da complexidade, por enquanto, encontra-se o ser humano capaz de raciocinar, atingir seus objetivos, compreender e gerar linguagens, processar e interpretar a chuva ininterrupta de perceptos que recebe, provar teoremas matemáticos, jogar games desafiantes, decodificar e sintetizar informações, criar arte e música e inventar histórias geradas na imaginação, tudo isso adaptado ao contexto ou ambiente em que age, inclusive capaz de prever dedutivamente algumas das consequências de suas ações, sem deixar de saber contornar a situação quando, por um motivo ou outro, a dedução falha. Diante dessa diversidade, não é difícil perceber que, caso a meta da IA fosse a de alcançar ou ultrapassar as múltiplas facetas da inteligência humana, sua agenda estaria muitíssimo recheada de desafios.

Válida para qualquer tipo de inteligência, humana ou maquínica, é a observação de Hoel (2019), quando explicita que, assim como a evolução, nenhuma inteligência poderia ser boa para resolver todos os tipos de problemas. "A adaptação e a especialização são necessárias" e é esse fato que "garante que a evolução seja um jogo sem fim, tornando-a, fundamentalmente", não confundível com progresso. "Os organismos se adaptam ao ambiente, mas o ambiente muda, talvez devido à própria adaptação do organismo, e assim por diante, enquanto houver vida." De um ponto de vista que não se confunde com progresso, "a inteligência, de uma perspectiva global, é muito semelhante à habilidade". Tornar-se mais inteligente em alguma habilidade torna alguém menos inteligente em outro tipo de habilidade. "Isso garante que a inteligência,

CAPÍTULO 4. A IA E A QUERELA DA INTELIGÊNCIA

como a vida, não tenha um ponto final. As mentes humanas se debatem com essa ideia porque, sem um ponto final, parece não haver ponto algum."

Para abrigar a IA como uma forma de inteligência presente e futura, a definição a que Tegmark (2017, p. 50) chegou é tão ampla quanto a de Nilsson (2010), a saber: "a inteligência é a habilidade de realizar metas complexas". Dada a existência de muitas metas possíveis e distintas, o autor conclui que devem existir muitos tipos de inteligência, o que não implica quantificar as diferenças entre inteligência animal, humana ou de máquinas, pois o que importa é ser uma inteligência boa para a finalidade a que se presta. Na mesma medida em que há finalidades incomparáveis, também há tipos de inteligência incomparáveis. A escolha do adjetivo "complexas", na definição, foi uma estratégia do autor para evitar uma linha fixa de divisão entre inteligência e não inteligência, pois o que vale é o grau de habilidade para realizar metas.

Falar em meta não significa que esta não possa ser subdividida em uma série de submetas. Outra questão importante é que existe uma tendência para se conotar positivamente a palavra "inteligência". Para evitar esse viés, Tegmark utiliza o termo de modo valorativamente neutro. Habilidade para atingir metas não implica que as metas sejam necessariamente boas. Isso abre caminho para se pensar efeitos e consequências da inteligência, que podem ser inclusive nefastos.

A partir do estudo de uma gama de teorias da inteligência, Legg e Hutter (2007, p. 12-13) chegaram à sua própria definição: "a inteligência mede a habilidade de um agente de atingir metas em uma ampla gama de ambientes". Segundo os autores, essa definição não tenta especificar quais capacidades podem ser necessárias. Isso seria difícil e dependeria da especificação das tarefas específicas com as quais o agente deveria lidar. Nessa perspectiva, a definição extrapola o limite da inteligência humana, pois a inteligência também pode ser o efeito de muitas outras capacidades, algumas das quais os humanos podem não ter. Assim concebida, a inteligência não é simplesmente a capacidade de ter um bom desempenho em um tarefa estritamente definida; mas é muito mais ampla. Um agente inteligente é capaz de se

87

adaptar e aprender para lidar com muitas situações diferentes, tipos de problemas e tipos de ambientes. Conforme será mais bem explicitado nos capítulos 6, 7 e 8, essa flexibilidade é fundamental para distinguir os humanos de muitos sistemas de IA atuais (LEGG e HUTTER, 2007, p. 20).

Legg (s/d) deu-se ao trabalho de levantar 72 definições de inteligência. A seguir, foi estreitando essas definições em função daquilo que muitas delas têm em comum. Em um terceiro passo, levantou dezoito definições provindas de especialistas em IA. Por fim, a partir dessas dezoito definições, Legg apresentou a seguinte pergunta: é possível se chegar a uma única definição? A resposta é que não é possível estabelecer que uma definição possa ser a mais correta. Não obstante, algumas definições são mais concisas, precisas e gerais. Ademais, muitas compartilham traços comuns. Em vista disso, levantou três atributos-chave compartilhados pelas definições: 1) uma propriedade que um agente individual possui na medida que interage com o ambiente ou os ambientes; 2) essa propriedade está relacionada com a habilidade de ser bem-sucedido com respeito a algum alvo ou objetivo; 3) isso depende de quão capaz é o agente para se adaptar a objetivos e ambientes diferentes. Ao colocar esses atributos juntos, é possível chegar à definição que foi formulada por Legg e Mutter (2007), já mencionada mais acima, a saber, "a inteligência mede a habilidade de um agente para atingir metas em uma ampla gama de ambientes".

Muehlhouser (2013, s/p) retomou esse conceito de inteligência para discuti-lo no campo da IA e chamá-lo de "poder de otimização", porque mede o poder de um agente para otimizar o mundo de acordo com suas preferências. Para o autor, trata-se aí de uma abordagem produtiva na medida em que identifica "inteligência com desempenho mensurável externamente, e não com os detalhes de como esse desempenho pode ser alcançado (por exemplo, via consciência, cálculo de força bruta, "complexidade" ou outra coisa). Além disso, geralmente é com o desempenho que a IA se preocupa. No caso, para Muehlhouser, a tendência é verificar se a IA terá um desempenho bom o suficiente para substituir trabalhadores humanos ou se terá um desempenho bom o suficiente para melhorar suas próprias habilidades

CAPÍTULO 4. A IA E A QUERELA DA INTELIGÊNCIA

sem assistência humana, e não se ela tem algum recurso interno específico.

Além disso, continua o autor, o conceito de poder de otimização permite comparar a inteligência de diferentes tipos de agentes. Para isso, cita Albus quando diz: "Uma definição útil de inteligência deveria incluir a corporificação tanto biológica quanto maquínica que deve abranger uma gama intelectual desde a de um inseto até aquela de um Einstein, desde a de um termostato até o sistema de computador mais sofisticado que jamais poderia ser construído". Por fim, acrescenta mais uma pergunta relativa à situação em que dois agentes tenham "a mesma capacidade de otimizar o mundo de acordo com suas preferências, mas o segundo agente exigir muito mais recursos para isso? Esses agentes têm o mesmo poder de otimização, mas o primeiro parece estar otimizando de forma mais inteligente". Nesse caso, a inteligência significaria "poder de otimização dividido pelos recursos usados" – também chamado de "otimização eficiente entre domínios". Em suma, sem negar o mérito de outras definições, a preferência do autor vai para o conceito de "otimização eficiente entre domínios" por ser suficientemente útil para servir "como nossa (ainda imprecisa!) definição de trabalho para inteligência".

Um balanço do que foi exposto neste capítulo nos permite inferir que a questão da inteligência das máquinas hoje oscila entre, de um lado, aqueles que não hesitam em demonstrar suas incertezas, enquanto outros negam, sem titubear, qualquer tipo de inteligência para as máquinas. Estes chegam, inclusive, a comparar a IA com as acéfalas máquinas mecânicas de escrever. Se penetrarmos mais fundo nessa atribuição de burrice a essas máquinas, veremos que elas não são tão burras quanto se pensa, visto que possuem o código alfabético inscrito em suas teclas, um código que se coloca entre as grandes descobertas da humanidade. E não resolve dizer que foram os humanos que puseram esse teclado na máquina, pois, no momento em que essa lógica ali se materializou, a máquina, ela mesma, foi impregnada com a inteligência dessa descoberta. Contudo, entre as duas tendências, a dos incertos e a dos negacionistas, encontram-se pesquisadores que estão em busca de definições não-antropocêntricas e, portanto, renovadas de inteligência.

Do mesmo modo que encontrei em Peirce um caminho para repensar a confusão em que se encontra a questão da consciência, irei fazer uso da mesma estratégia no próximo capítulo relativo à inteligência à luz de C. S. Peirce.

CAPÍTULO 5

INTELIGÊNCIA À LUZ DE C. S. PEIRCE

Este capítulo nasceu de uma aposta, a saber, que o conceito filosófico e lógico de inteligência de C. S. Peirce é capaz de trazer uma contribuição para as noções de inteligência tanto humana quanto não humana, portanto, uma contribuição para se repensar a inteligência em um espectro que permita analisar a ausência ou presença de inteligência nas máquinas e por que sim ou não. Nesse sentido, este capítulo apresenta proposta similar àquela que foi desenvolvida no capítulo 3, relativa à consciência, também fruto da aposta de que a originalidade do pensamento de Peirce é antecipadora de questões que estamos enfrentando agora.

Infelizmente a lógica filosófica de Peirce não tem sido lida, absorvida, conhecida e divulgada como merece, porque, desde o final do século 19, vem enfrentando todos os obstáculos impostos pelos *mainstreans* da lógica e das diferentes correntes bem-sucedidas da filosofia. A lógica tomou o caminho da lógica simbólica dedutiva que, para Peirce, constitui-se apenas em um dos tipos de lógica. A filosofia, por sua vez, desmembrou-se, de um lado, na filosofia analítica que não reconhece Peirce como um antecessor e, de outro lado, na filosofia continental, pós-estruturalista cuja repercussão tem sido notável. Mas não é essa discussão que importa levar à frente neste capítulo, basta apenas sinalizar para esse problema como um modo de preparar o leitor a uma jornada paciente, embora breve, que nos leve até a noção muitíssimo original de inteligência com

A INTELIGÊNCIA ARTIFICIAL É INTELIGENTE?

a suposição de que nos ajudará na discussão da inteligência nas máquinas.

De saída, é preciso considerar que todo o pensamento de Peirce e seu edifício filosófico estão inteiramente alicerçados na fenomenologia, de modo que essa é uma etapa indispensável na explanação de qualquer aspecto de seu pensamento. Conforme já mencionado no capítulo 3, na arquitetura de suas disciplinas filosóficas, a fenomenologia é concebida como uma quase ciência que se situa na base das subsequentes disciplinas, todas elas perfeitamente interrelacionadas. Elas se dividem em três grandes ramos: a) a fenomenologia; b) as ciências normativas que lidam com os fins últimos dos ideais humanos: a estética, a ética e a lógica concebida como semiótica – esta se subdivide em três ramos: a teoria geral dos signos, os tipos de raciocínio ou argumentos: a abdução ou lógica da descoberta, a indução ou lógica das ciências empíricas e a metodêutica relativa aos princípios lógicos básicos presentes em quaisquer métodos científicos; e c) a metafísica, que está alicerçada nas disciplinas precedentes, acima elencadas.

A quase-ciência da fenomenologia

A fenomenologia tem por tarefa fornecer às outras disciplinas filosóficas os princípios elementares relativos a tudo aquilo que torna a experiência possível. Algumas complementações ao capítulo 3 serão aqui desenvolvidas para a garantia da continuidade dos argumentos, especialmente porque é na categoria fenomênica da terceiridade que veremos despontar o conceito de inteligência. Anos de estudos levaram Peirce à conclusão de que há três elementos universais onipresentes em todos os fenômenos: a) aquilo que é, em si mesmo, sem relação com nenhuma outra coisa, pode ser encontrado nas ideias de acaso, indeterminação, originalidade, frescor, possibilidade, qualidade, sentimento e foi chamado de primeiridade; b) aquilo que se expressa em relações duais e que encontra-se nas ideias de existência, determinado, final, objeto, correlativo, necessitado, reativo, polaridade, negação, matéria, realidade, compulsão, ação-reação, aqui e agora, oposição, efeito, ocorrência, resultado, fato, conflito, surpresa, dúvida, resultado

CAPÍTULO 5. INTELIGÊNCIA À LUZ DE C. S. PEIRCE

e foi chamado de secundidade; e c) as noções de devir, generalidade, continuidade, crescimento, mediação, infinito, inteligência, lei, regularidade, aprendizagem, hábito expressam-se em relações triádicas que receberam o nome de terceiridade (CP 1.284-1.353).

O que se tem aí são categorias universais que foram extraídas do exame de tudo aquilo que se apresenta à mente a qualquer momento e em quaisquer circunstâncias, sem levar em conta antecipada quaisquer julgamentos acerca da natureza daquilo que assim se apresenta. A fenomenologia apenas reclama que sejamos capazes de abrir os olhos do espírito e olhar para tudo aquilo que aparece, quer dizer, o fenômeno no seu puro e simples aparecer. A questão das categorias esbarra em outro aspecto da solidão de Peirce em relação às tendências filosóficas do século 20, pois estas abandonaram essa empreitada iniciada em Aristóteles e, de algum modo, atuante na filosofia até Hegel. De qualquer maneira, a solução a que Peirce chegou não só traz uma versão bastante diferenciada do passado quanto também faz muito sentido no todo da obra e para além dela.

De grande importância nisso tudo é considerar que as categorias são interdependentes e onipresentes, ou seja, uma não exclui a outra. Ao contrário, a secundidade implica a primeiridade assim como a terceiridade implica a primeiridade e a secundidade. Há, no entanto, fenômenos que aparecem sob o domínio da primeiridade, ou da secundidade ou da terceiridade. Para ficarmos no campo psicológico, que todos nós compartilhamos relativamente em igual medida, há momentos, por exemplo, em que o sentimento, a sensorialidade, a incerteza vêm para um primeiro plano, a ponto de perdermos a noção de espaço, lugar, circunstância e tempo, embora esses estejam ali atuando. Do mesmo modo, passamos pela experiência de momentos de extremo conflito, quando nos vemos reduzidos a corpos e mentes que apenas reagem e resistem a pressões externas de natureza física ou humana. De todo modo, as que dominam, dada a constituição cognitiva humana, são as relações triádicas que envolvem aprendizado, tempo, continuidade e generalidade. Embora sentimento (primeiridade) e ação-reação (secundidade) acompanhem a cognição, assim o fazem de modo brando na continuidade da vida.

Semiose: a ação do signo

Segundo Peirce, a forma mais simples de terceiridade encontra-se na noção de signo, um termo que igualmente esbarra em problemas de compreensão, dado o uso desse termo por todas as correntes do estruturalismo e pós-estruturalismo com que a noção peirciana está longe de compartilhar. São problemas, portanto, que só podem ser resolvidos no entendimento das teses radicalmente anticartesianas de Peirce cujo ponto de partida resume-se na afirmação de que "tudo que está presente à mente é signo", não apenas e necessariamente verbal, a saber, também imagens claras ou vagas, tensões, lembranças, sentimentos, enfim, qualquer coisa que se faz presente à mente. Isso leva à afirmação de que "todo pensamento se dá em signos" (SANTAELLA, 2004b).

Portanto, mente é signo, sinônimo de pensamento. É o signo que dá corpo ao pensamento. Mas quando se diz signo, é preciso repetir mais uma vez que esse termo não deve ser confundido com linguagem verbal. De fato, nem todo pensamento se dá na forma das palavras ou outros tipos de raciocínio. Há diversas modalidades de pensamento: em imagens, sons, relações, diagramas, topologias etc. Além disso, pensamento, que realmente importa, é aquele que é externalizado em forma comunicável. Pensamento externalizado é mente externalizada. O signo, em suas várias modalidades, é a única entidade que pode frequentar tanto os nossos pensamentos interiores quanto ser externalizado em sistemas codificados externos e, portanto, comunicativos. Tudo isso não passaria de mero discurso caso Peirce não tenha desenvolvido sua lógica triádica, uma lógica das relações capaz de dar expressão ao modo como a mente age, tanto nos fluxos do pensamento, quanto no extensíssimo mundo externo. Portanto, mente não é uma substância, mas um modo de agir, uma performatividade que fica exposta na noção de semiose, quer dizer, ação do signo.

Por enquanto, mantenhamos essas afirmações como pontos de partida na expectativa de esclarecimentos mais detalhados que virão a seguir. Pode-se adiantar, no entanto, que é por meio dessa noção, quando explicitada no seu agenciamento lógico, que podemos

CAPÍTULO 5. INTELIGÊNCIA À LUZ DE C. S. PEIRCE

compreender como e por que o signo evidencia as operações da inteligência e dos outros conceitos que são coetâneos à inteligência: mente, pensamento, aprendizagem, tempo, devir.

Em uma definição muito geral, para Peirce, o signo é um processo triádico, composto de um primeiro elemento, o signo, que, dentro de certas capacidades e limites, representa, ou ainda, assemelha-se, indica, aplica-se ou refere-se a algo que está fora dele, tecnicamente chamado de seu objeto. Por ser determinado por esse objeto, ou seja, por aquilo que o causa, o signo terá o poder de servir de mediador entre o objeto e uma mente interpretadora na qual ele produzirá um efeito que é indiretamente ou mediatamente devido ao objeto. Esse efeito, que o signo é capaz de produzir tão logo é apreendido pela mente – seja esse efeito de que tipo for, sentimento, reação, pensamento – é um outro signo, a que Peirce também deu um nome técnico: o interpretante. Aí está um movimento ternário cuja lógica evidencia o caráter mediador do signo, entre o objeto e o interpretante e assim sucessivamente em um movimento que tende a crescer.

Essa é a definição mais geral e abstrata, característica do signo genuinamente triádico. Entretanto, no seu modo de agir, nem todo signo é genuíno, quer dizer triádico, como são triádicos, por exemplo, as palavras, as sentenças, os símbolos matemáticos e culturais, as notações musicais, as marcas mercadológicas, os programas de computador, os algoritmos etc. De acordo com os princípios extraídos da fenomenologia e transpostos para a semiose, também podem existir signos de primeiridade e de secundidade. Assim, para caracterizar o espectro diferenciado de signos, seguindo a mesma lógica das categorias, Peirce começou com as variações dos atributos internos do signo. Desse modo, em si mesmo, o signo pode ser uma qualidade, um existente ou uma lei. Dependendo desse atributo interno do signo, sua relação com o objeto e com o interpretante será diferencial. Disso decorre a classificação mais conhecida dos signos que, na relação com seus objetos, dividem-se em ícones, índices e símbolos e, na relação com seus interpretantes, dividem-se em remas, discentes e argumentos.

Portanto, se o signo em si mesmo é mera qualidade, um quali--signo como, por exemplo, uma cor azul clara, a pura e simples cor,

A INTELIGÊNCIA ARTIFICIAL É INTELIGENTE?

independentemente de qualquer outra coisa, ela, em si mesma, só pode funcionar como signo por apresentar ou sugerir uma semelhança com algo, por isso funciona como um ícone, um signo que, na sua natureza interna, não passa de uma qualidade e que, portanto, só pode se apresentar como semelhante a algo que exibe uma qualidade similar. No caso da cor azul, ela pode sugerir o céu em um dia sem nuvens. Em relação ao interpretante, o quali-signo icônico só pode ser um rema, signo hipotético ou conjectural: "esse azul assemelha-se ao azul do céu". O azul claro pode sugerir o céu, mas também pode sugerir outras coisas azuis.

Se o signo em si mesmo é um existente, um sin-signo, por exemplo, uma foto de florestas em chamas na Amazônia, exibida na capa de um jornal diário, em relação ao objeto que essa foto indica, ou seja, a situação da realidade que a foto capturou, esse signo fotográfico funciona prioritariamente como um índice e, em relação ao interpretante que ele está apto a produzir, o sin-signo indicial será interpretado como um discente, signo de existência concreta, pois seria possível ter acesso à situação fotografada por outros meios, um vídeo ou o testemunho de alguém que presenciou o fato.

Se o signo em si mesmo é um legi-signo, ele tem em si o ingrediente necessário para funcionar como signo triádico. Por exemplo, esta parte do texto que o leitor está lendo. Seu objeto representado é justamente a classificação dos signos de Peirce. Essa relação, nesse caso, será simbólica, pois está fundamentada em uma lei de representação, o discurso em língua portuguesa sobre um tema que implica familiaridade com o objeto do signo, isto é, a teoria dos signos de Peirce. Este texto será assim interpretado, por hábito linguístico e cultural, sem negar variações interpretativas que dependem do repertório do intérprete. Desse modo, o legi-signo simbólico será interpretado como um argumento, princípio de sequência, quer dizer, os efeitos de significação que este texto produz na mente daquele(a) que o lê.

Repetindo: a definição do signo é a descrição lógica da semiose, ou seja, do modo como o signo age, a saber, em uma relação triádica irredutível composta por um primeiro, o signo, aquilo que está para algo outro, seu objeto. O objeto é um segundo que, embora ocupe a

CAPÍTULO 5. INTELIGÊNCIA À LUZ DE C. S. PEIRCE

posição de segundo na relação triádica, é aquilo que determina o signo, pois é a fonte da semiose. Por ser determinado pelo objeto e, ao mesmo tempo, estar no lugar desse objeto, o signo está habilitado a produzir um signo mais desenvolvido, tão logo encontre uma ocasião apropriada, ou seja, tão logo encontre um intérprete. Esse terceiro elemento da relação triádica é chamado de interpretante, um outro signo para o qual o signo passa o facho da significação. Isso significa que o interpretante dá continuidade à determinação do objeto pela mediação do signo.

O interpretante é determinado pelo objeto na medida em que o interpretante, ele mesmo, é determinado pelo signo. Além disso, a tríade implica uma expansão constante no processo de semiose, visto que o interpretante está destinado a produzir um outro signo-interpretante, e assim por diante. Potencialmente, a semiose seria infinita. Contudo, em grande parte das semioses atualizadas, seu movimento cessa tão logo seja alcançado o alvo pretendido pelo objeto do signo ou causa do signo.

Por conseguinte, a ação do signo é ação dirigida para um alvo, ou seja, produzir um outro signo equivalente ou mais desenvolvido. Essa ação pode ser intencional ou não, consciente ou não, propositada ou não. O que a define não é apenas o suporte material, técnico ou psicológico que lhe dá ocasião e permite que a ação se realize, porém, mais do que isso, ou subjacente a isso, o que importa é a operação dirigida para a produção de um outro signo, o interpretante. Signo, objeto e interpretante, em si mesmos, podem pertencer a variadas ordens da realidade, tais como objetos singulares, classes gerais, ficções, pensamentos, impulsos físicos, ações humanas, atividades orgânicas, leis naturais ou convencionais. O que constitui a relação triádica, no seu movimento lógico, é o modo específico pelo qual a tríade está em conjunção (PARMENTIER, 1985, p. 26).

O nível de abstração e generalidade dessa definição coloca em evidência o caráter mediador do signo entre o objeto e o outro signo que ele gera em uma continuidade que só é interrompida quando uma semiose atinge seu alvo pretendido. É justamente a radicalidade da abstração contida na descrição do processo que permite que tal lógica autorreprodutiva contínua possa ser verificada em uma pluralidade de fenômenos que não se limitam à mente humana, mas se aplicam igualmente a fenômenos biológicos ou a programas de IA. Assim sendo, onde quer que o movimento lógico descrito na semiose for encontrado, aí haverá inteligência, mente e pensamento, em alguns casos, desenvolvida em sua genuinidade triádica (legi-signo, simbólico argumental), outras vezes, em modos mais rudimentares (quali-signo, icônico, remático ou sin-signo, indicial, discente).

Como afirma Parmentier (ibid.), os três elementos – signo, objeto e interpretante –, em sua natureza existencial, podem pertencer a várias ordens de realidade, quer dizer, podem ser objetos singulares (uma mesa, por exemplo), classes gerais (a classe dos animais), ficções (Hamlet ou Ana Karenina), representações mentais (a lembrança de um evento), impulsos físicos (eletricidade), ações humanas (uma contestação social no centro de uma cidade), atividades orgânicas (respiração), leis naturais (a lei da gravidade), regras convencionais (um algoritmo) etc. Não é a natureza existencial de algo que faz esse algo ser signo, nem ser objeto, nem interpretante, pois qualquer um dos três elementos pode pertencer a qualquer ordem de existência, inclusive a existência de uma ficção ou de uma alucinação. O que os faz funcionar como signo, objeto e interpretante é a relação lógica que se estabelece entre eles, ou seja, é o modo como essa tríade se articula (SANTAELLA e NÖTH, 2004, p. 200-201).

Por que a ação do signo é ação inteligente

A ação triádica do signo ou semiose dirigida para um alvo envolve tempo e evidencia como agem o pensamento e seus sucedâneos, tais como inteligência, mente, aprendizado, generalidade, crescimento e difusão, cujo funcionamento é expresso no caráter processual da semiose a qual, segundo Peirce, corresponde à noção mais simples de terceiridade (CP 1.339-340). Mas a semiose nem sempre é genuinamente triádica. Há vários graus de semiose, expressos nas classificações de signos, que evidenciam, ao fim e ao cabo, distintos graus de inteligência.

CAPÍTULO 5. INTELIGÊNCIA À LUZ DE C. S. PEIRCE

Não custa reiterar: ação do signo é a ação de ser interpretado em um outro signo. Isso se caracteriza como uma ação inteligente que se faz presente em todo e qualquer processo de aprendizagem e de continuidade do pensamento. Não há nada exclusivamente antropológico nisso, visto que essa lógica é capaz de descrever uma multiplicidade de processos inteligentes de qualquer espécie contanto que sejam irreversíveis e apresentem uma tendência assintótica para a finalização de um estado de coisas (EMMECHE 1991; HOFFMEYER e EMMECHE, 1991).

Ações movidas por propósitos são ações sígnicas, quer dizer, ações inteligentes. O modo pelo qual os casos particulares são atualizados sob o poder dessa ação pode variar enormemente, mas o processo guiado para um fim, que os governa, tem uma única base lógica. Essa base é aquela da ação triádica que, mesmo nas suas formas mais rudimentares, exibe pelo menos uma gota de inteligência. Trata-se invariavelmente da tendência de um processo para chegar a um resultado de um certo tipo geral. Onde houver tendência para aprender, para crescer e se desenvolver, haverá inteligência, um modo de agir que igualmente se apresenta no pensamento, na mente, no crescimento e na continuidade. Nessa medida, o modo como o signo age funciona à maneira de um processo lógico geral que nos permite analisar desde as formas mais rudimentares de quase-inteligência até os sistemas integralmente inteligentes. As contribuições de uma tal noção de semiose ou mente para a cognição, biologia e IA parecem evidentes.

Contudo, é muito provável que toda ação sígnica tenha algo de antropomórfico, na medida que envolve sempre a causação por meio de abstrações ou formações gerais, cuja forma típica é encontrada no autocontrole que a mente humana pode exercer sobre a conduta. A mente humana deve, por enquanto, ser o mais complexo processo de semiose, mas não é, de modo algum, sua forma exclusiva. Vem daí a ampliação semântica pela qual Peirce fez passar termos como "mente", "inteligência" e "pensamento", inclusive para tornar evidente a continuidade que existe entre a mente humana e outros processos movidos por um propósito, a saber, todos aqueles que exibem alguma forma de mentalidade, o que inclui, entre outros, o comportamento de micro-organismos, a evolução biológica, e até mesmo o crescimento dos cristais. Esta postulação lembra a teoria das estruturas dissipativas (PRIGOGINE e STENGERS, 1984), nas quais a semiose reside na tendência para a ordem que Prigogine encontrou até mesmo em tipos rudimentares de reações químicas. É por isso que "a cognição não só está inscrita no mundo como o corporifica". Sob esse prisma, "a inteligência deve ser entendida como uma operação recursiva entre cognição e mundo que modifica constantemente a estrutura que resulta de suas interações" (HUI, 2020, p. 168).

A diferença de grau entre os processos de semiose – ou modos de agir da inteligência – depende do autocontrole, maior ou menor, mas sempre relativo, que pode ser exercido sobre o estado final. É por isso que esses processos são guiados pela autocorreção, a escolha e o acaso ao mesmo tempo. O reconhecimento do acaso objetivo como tendo um papel importante a desempenhar no processo e a consequente ocorrência de erros evidenciam a presença de um certo indeterminismo em toda e qualquer semiose, seja ela genuína ou rudimentar.

Diferenças de grau na ação inteligente

É fato que, para Peirce, as funções da inteligência não se restringem aos seres humanos (CP 1.269), nem se limitam ao reino biológico, pois não apenas qualquer organismo biológico, mas também as máquinas, tais como os algoritmos de IA, apresentam algum nível de inteligência. Há inteligência onde houver triadicidade. Havendo tendência para aprender, para o crescimento, ou evolução, aí haverá inteligência, não importando quão rudimentar essa ação possa ser.

Conforme as classificações de signos e diferenciados modos de agir nelas explicitados revelam, a semiose não se limita à racionalidade, mas abriga também uma semiodiversidade de manifestações. Conclusão: o cérebro humano não é o habitat exclusivo do pensamento, conforme está enunciado na passagem abaixo:

O pensamento não está necessariamente conectado a um cérebro. Ele aparece no trabalho das abelhas, nos cristais e espalhado pelo mundo

CAPÍTULO 5. INTELIGÊNCIA À LUZ DE C. S. PEIRCE

puramente físico; e ninguém pode negar que ele esteja realmente lá, tanto quanto estão as cores, as formas etc. dos objetos. Se aderir consistentemente a essa negativa sem garantia, você será levado a alguma forma de nominalismo idealista próximo ao de Fitche. Não apenas o pensamento está no mundo orgânico como lá se desenvolve. (CP 4.451)

Até pouco tempo atrás, essa citação peirciana costumava causar mal-estar nos seus comentadores. Hoje, ela não soa mais tão estranha, quando já se desenvolvem pesquisas, por exemplo, sobre os modos como as florestas e as plantas pensam (KOHN, 2013). São claras as afirmações desse autor de que animais e florestas podem pensar e representar. Isso implica uma redefinição radical, apoiada em Peirce, das noções de pensamento e representação. Com base nisso, Kohn não se limita a atestar que outros entes não humanos mostram tais capacidades, mas avança até as consequências disso para a nossa compreensão de sociedade, de cultura, de vida e do mundo em que habitamos. Além disso, o autor se "interroga acerca das modificações que isso produz nas práticas, nos métodos e no objeto da antropologia, uma disciplina, como o nome indica, voltada para o estudo do homem" (SOUZA, 2015).

Entretanto, Peirce não se limitou ao mundo biológico quando postulou, inclusive aos cristais, o atributo do pensamento: "Definirei a essência da mente e a lei da causação final junto com a sua aplicação a fenômenos não biológicos" (CP 7.374). Uma vez que essa visão do pensamento, da mente e da inteligência – não restritos a uma moldura antropológica – é uma constante nos escritos de Peirce, especialmente depois de 1900, o passo obrigatório a ser dado para se entender o que ele pretende dizer com essas três palavras – pensamento, mente e inteligência – é reconhecer que temos de nos livrar dos seus significados convencionais e buscar o novo campo semântico no qual Peirce as inseriu.

"Tendências incertas, estados instáveis de equilíbrio são condições *sine qua non* para a manifestação da mente", Peirce afirmou (CP 7.381), chegando à conclusão de que só um tipo geral de natureza autorreprodutiva que se desenvolve no tempo seria capaz de governar a atualização de particulares. Esse tipo geral é aquilo que, para ele, caracteriza a lei, a mente, o pensamento, ou seja, a ação sígnica, ação inteligente. O modo pelo qual os particulares são atualizados sob o poder dessa ação pode variar enormemente, mas o processo guiado para um fim, que os governa, tem uma única base lógica, aquela da ação triádica que, mesmo nas suas formas mais rudimentares, exibe pelo menos uma gota de inteligência. O que se apresenta invariavelmente é a tendência de um processo para chegar a um resultado de um certo tipo geral.

É impressionante o nível de similaridade da noção peirciana da ação inteligente como ação movida para um alvo com a definição de inteligência que é buscada pelos especialistas em IA. Peirce é taxativo: onde houver tendência para aprender, para crescer e se desenvolver, haverá inteligência, mente e pensamento. Importante observar que ele não ficou na mera afirmação, mas, com o nome de semiose, descreveu um movimento lógico, uma performance, um modo de agir que é comum às noções de pensamento, continuidade, vida e crescimento. Assim definido, o conceito da mente amplia-se consideravelmente, pois não se restringe ao reino humano, mas abraça também qualquer forma de vida e, até mesmo, processos pré-biológicos.

À luz da semiose, portanto, a mente se revela como um conceito muito amplo e liberal, podendo ser percebido em um número enorme de processos. Não é casual que esse conceito entre em sintonia com as mais candentes preocupações atuais na física, biologia e IA. Mais ainda, o modelo lógico básico da semiose, que se expressa na definição de signo, não é apenas um modelo para a descrição de mente, pensamento, inteligência, continuidade e crescimento, mas também, consequentemente, um modelo para o entendimento da evolução, visto que Peirce acreditou que processos evolutivos em geral são manifestações da mente entendida no sentido alargado que ele deu a essa palavra.

A forma prototípica da semiose é aquela da mente humana. O modo universal da ação mental é o de ser guiado por causas finais. Essa é a própria essência do fenômeno psíquico em geral (CP 1.269, ver também 2.66 e 7.559). Até aqui, não parece haver nada de novo nessa ideia. Que a mente humana almeja atingir certos fins parece óbvio. Entretanto, as afirmações de que os princípios da ação inteligente podem ser

CAPÍTULO 5. INTELIGÊNCIA À LUZ DE C. S. PEIRCE

deduzidos dos caracteres primitivos das formas de vida (CP 6.283) e de que mesmo uma rã decapitada raciocina (CP 6.286, 6.144, 2.711) são menos óbvias e mostram claramente que estão longe de serem convencionais as concepções peircianas de inteligência e mente não restritas aos seres humanos e nem mesmo ao reino biológico (CP 1.269). Não apenas qualquer organismo biológico, mas também as máquinas, tais como os computadores, sob ação de um programa, podem ter mente. Haverá mente onde houver triadicidade; onde houver tendência para aprender, para o crescimento ou evolução, aí haverá mente, não importando quão rudimentar essa ação possa ser.

No manuscrito ainda não publicado (MS 1343), Peirce discutiu todas as gradações crescentes que vão do nível mais baixo da causalidade bruta até as formas mais complexas da semiose. Pape (1993) apresentou uma análise detalhada de cada um dos seguintes graus:

– ação mecânica;
– comparação entre ação despropositada e ação quase-propositada;
– ação governada pela mente, onde o exercício da mente é tão estúpido quanto possível;
– comparação entre sistemas quase inteligentes até a inteligência animal;
– da inteligência animal aos sistemas inteiramente inteligentes.

Assim, a semiose abrange desde as suas formas mais desenvolvidas, ou seja, o ato humano intencional de raciocinar sob a orientação do autocontrole e da autocrítica, até suas formas mais rudimentares, quer dizer, onde quer que haja ação visando fins definidos, inclusive no mundo puramente físico. Em síntese, a ação do signo é inerente a qualquer atividade direcionada para uma certa finalização. Trata-se da forma geral de um processo, a tendência para um alvo, "o traço geral de tal tendência em qualquer meio que possa ocorrer" (RANSDELL, 1977, p. 163). Que os processos vivos exemplificam algumas dessas formas foi plenamente reconhecido sob rótulos tais como "cibernética", "homeostase", e particularmente "teleonomia". Esse é justamente o tipo de ação que se manifesta nas aplicações da IA baseadas em algoritmos voltados para a maximização de decisões racionais e minimização de influências contingentes.

Semiose ou ação do signo é um modo de agir, capaz de explicitar que inteligência, mente, pensamento não são privilégios da espécie humana. Repetindo: onde houver tendência para aprender, para processos de autocorreção, mudanças de hábito, onde houver ações direcionadas por um propósito, haverá inteligência, onde quer que ela ocorra: no grão do pólen que fertiliza o óvulo de uma planta (W1, p. 333), no voo de um pássaro, no sistema imunológico, na razão humana, em um programa de computador e na pluralidade de aplicativos que pululam nos celulares. É por isso que semiose deve ser compreendida lado a lado com conceitos cibernéticos, como *feedback*, biológicos, tais como morfogênese, autopoiesis, ou mesmo conceitos naturais como sistemas auto-organizativos.

As ideias e conceitos mais radicais de Peirce, que costumam ser negligenciados pelos intérpretes, são justamente aqueles que recaem sobre a postulação, aparentemente desconcertante, de que até mesmo os cristais pensam. Ironicamente, esses conceitos apresentam uma atualidade crescente, em especial ao nos depararmos com as afirmações extraídas, por exemplo, de Michael Pollan, autor do *best seller O dilema do onívoro* (2006), de que as plantas

> têm maneiras de tomar todos os dados sensoriais que se reúnem em suas vidas cotidianas ... integrá-los, e, em seguida, se comportar de forma adequada em resposta. E elas fazem isso sem cérebro, o que, de certa forma, é o que é incrível sobre isso, porque assumimos automaticamente que você precisa de um cérebro para processar a informação. (PLANTAS TÊM MEMÓRIA)

O que parece incrível nessa descrição torna-se perfeitamente lógico quando se aplica o conceito de ação do signo, uma aplicação que pode servir de exemplo para outras aplicações possíveis. Os dados sensoriais funcionam aí como objetos do signo. O signo, por seu lado, não é outra coisa senão a integração que as plantas fazem dos dados que recebem. Os dados sensoriais determinam essa integração. Ao mesmo

CAPÍTULO 5. INTELIGÊNCIA À LUZ DE C. S. PEIRCE

tempo, a integração como signo, coloca-se no lugar dos dados que vêm de fora, portanto, apresenta uma forma de representação deles para produzir um interpretante, um outro signo, ou seja, o comportamento adequado das plantas como resposta. De fato, nessa semiose, o cérebro é dispensável. A semiose que aí se instala é uma ação orientada para um alvo: a resposta adequada das plantas à determinação que recebem dos dados que integram.

Tudo isso se torna mais convincente quando se sabe que Pollan não está só em suas investigações, fazendo-se acompanhar por afirmações tanto de Kohn (2013) quanto de Wohlleben (2016) de que as árvores agem como sujeitos sociais nas florestas. Elas não apenas podem contar, aprender e lembrar, quanto também são capazes de cuidar dos vizinhos doentes; de alertar as companheiras do perigo por meio de sinais elétricos transmitidos por uma rede de fungos; além de, por razões que os biólogos ainda não chegaram a explicar, poderem manter vivos os tocos de árvores caídas há séculos enviando uma solução açucarada para suas raízes.

Ainda mais atualizados parecem os conceitos peircianos quando nos deparamos com os debates atuais no campo da física que parece não estar sendo mais capaz de se confrontar com suas descobertas sem ter que recorrer ao uma vaga noção de consciência cósmica ou, então, a uma concepção quântica da consciência como meio especulativo para explicar o "mistério da consciência". Segundo o físico pioneiro Sir James Jeans, o fluxo de conhecimento (que Peirce chamaria de crescimento da inteligência pela ação dos signos) está caminhando em direção a uma realidade não-mecânica. Sob esse ponto de vista, o universo assemelha-se mais a um grande pensamento do que a uma grande máquina (MATTOS, 2016, p. 45; ver também GOSWAMI et al, 1998).

Há um século, as pesquisas físicas revelaram que o ato de observação muda a natureza de um sistema físico. Disso se pode deduzir que a consciência (a qual, em termos peircianos, neste caso, seria melhor chamar de inteligência ou mente) pode ter efeitos no mundo físico ou moldar a natureza da realidade física. Contudo, o que a epistemologia da ciência física atual está reivindicando vai além dessa dedução, pois postula que a matéria é um produto derivado da "consciência". O grande problema, que está na base dessa postulação, é que nem mesmo os mais fervorosos cognitivistas e neurocognitivistas conseguiram chegar a uma noção relativamente consensual do que é mente, pensamento e inteligência, muito menos do que é consciência, menos ainda da compreensão dos modos pelos quais a mente atua no mundo. Em vista disso, a noção peirciana de consciência, explicitada no capítulo 3, merece ser rapidamente aqui revisitada para que se possa diferenciá-la das noções de pensamento, mente e inteligência.

Consciência e inteligência

A primeira pista para realizar essa tarefa pode ser encontrada na *Filosofia da mente* de Peirce (CP 7.362-7.688), da qual serão extraídas abaixo algumas passagens que não serão parafraseadas, mas, para a garantia da precisão, serão mantidas nas palavras originais do autor. Elas têm início com a crítica aos psicólogos contemporâneos de Peirce, uma crítica, aliás, que ainda se mantém para a maioria das correntes da psicologia atual.

> Para começar, os psicólogos ainda não esclareceram sobre o que é a mente. Não quero me referir ao seu *substratum*; mas eles nem tornaram claro o que é um fenômeno psíquico. Ainda menos do que isso, nenhuma noção da mente foi estabelecida ou geralmente reconhecida que se possa comparar, por um instante, em precisão, com o conceito dinâmico de matéria. Quase todos os psicólogos ainda nos dizem que mente é consciência. Mas, tanto quanto sei, Hartman provou conclusivamente que existe mente inconsciente. (CP 7.364)

A par do reconhecimento do inconsciente, mais importante nessa passagem é aquilo que Peirce irá considerar como a pior confusão, ou seja, tomar a mente como sinônimo de consciência. A crítica a seguir dá um encaminhamento contra essa suposta sinonímia:

> O que se quer significar por consciência não é nada em si mesmo senão sentimento. Gay e Hartley [...] acharam que deve haver, e provavelmente

CAPÍTULO 5. INTELIGÊNCIA À LUZ DE C. S. PEIRCE

há, algo da natureza geral do sentimento quase em todo lugar, contudo, o sentimento, em algum grau verificável, é uma mera propriedade do protoplasma, talvez apenas do material nervoso. Ora, acontece que os organismos biológicos, e especialmente o sistema nervoso são condicionados favoravelmente para exibir o fenômeno da mente também; e assim não é surpreendente que a mente e o sentimento sejam confundidos. Mas não acredito que a psicologia possa se endireitar enquanto a importância do argumento de Hartman não for levada em conta e seja visto que o sentimento não é senão o aspecto interior das coisas, enquanto a mente, ao contrário, é essencialmente um fenômeno externo. (CP 7.364)

Está novamente enfatizado na passagem acima o conceito alargado da mente de modo a ser aplicável a uma grande variedade de fenômenos, nesse caso, até mesmo no protoplasma. Neste ponto, é curioso observar que, mesmo estando limitado ao conhecimento da biologia de seu tempo, que a palavra protoplasma, por si só, evidencia, Peirce já via aí o fenômeno da mente no sistema nervoso. Fica também insinuado nessa passagem que, embora sentimento e mente estejam presentes no sistema nervoso, eles não se confundem, conforme a passagem a seguir deixa ainda mais claro.

O que os psicólogos estudam é a mente, não a consciência exclusivamente. O equívoco sobre esse ponto produziu resultados singularmente desastrosos, visto que a consciência é algo muito simples. Apenas tome cuidado para não fazer a confusão de supor que é a autoconsciência que está sendo referida. Então se verá que a consciência não é outra coisa senão sentimento, em geral, – não sentimento no sentido alemão, mas mais geralmente, o elemento imediato da experiência generalizado ao extremo. A mente, ao contrário, é uma coisa muito difícil de analisar, quando você capta a verdade de que ela não é consciência, nem proporcional de qualquer modo a esta. Não estou falando de alma, o substrato metafísico de mente (se é que haja algum), mas da mente entendida fenomenalmente. Para se chegar a uma concepção da mente ou fenômeno mental, tal como a ciência da dinâmica nos fornece de matéria ou de eventos materiais, é um assunto que só pode ser resolvido através de investigação científica resoluta. Mas os psicólogos foram impedidos de fazer essa investigação devido à ilusão de que mente é apenas consciência, uma questão simples, na medida em que se trata do mero fenômeno, sobre o qual não há lugar para dúvida ou erro (CP 7.365).

Essas citações deixam clarificado que consciência, de um lado, e mente, pensamento e inteligência, de outro, embora entrelaçadas, não se confundem. Consciência é uma realidade não compartilhável, é o tudo ao mesmo tempo do nosso mundo interior, aquilo que nos constitui como seres singulares, enquanto mente, pensamento e inteligência são signos externalizáveis e, portanto, compartilháveis.

Embora não se possa barrar o caminho do conhecimento com negativas peremptórias, pois o que não se sabe hoje poderá ser conhecido no futuro, por enquanto, parece adequado afirmar que sistemas algorítmicos estão muito longe de serem conscientes. Conforme foi visto no capítulo 3, a consciência envolve todas as camadas históricas de nossa vida interior, camadas que rebatem, inclusive, no corpo biológico. A inteligência, entretanto, coetânea do pensamento e da mente, exibe uma dinâmica que se externaliza, circula pelo mundo em formas sígnicas coletivas, socializadas. Nesse sentido, pode-se afirmar que os programas de computadores e os algoritmos de IA exibem algum grau de inteligência, contanto que não se tome a inteligência humana como modelo excludente.

Não é preciso frequentar a bibliografia mais especializada de IA para se dar conta de que a questão da aprendizagem é fundamental no estado da arte dos algoritmos atuais. Ora, conforme este capítulo procurou explicitar, processos de aprendizagem seguem a mesma lógica do pensamento e da inteligência, tal como descrita na ação do signo elaborada por Peirce. Portanto, quando falamos de aprendizagem, estamos também falando de inteligência e de pensamento, algo que está presente em quaisquer algoritmos de IA, dos mais simples aos mais complexos.

Uma discussão mais clara sobre a presença ou não da inteligência na IA tem sido atrapalhada pelo fato de que a IA é alimentada por dados humanos, esses dados são selecionados por humanos, o design é modelado por humanos, os vieses são apontados por humanos etc. Ou seja, a intervenção humana é extensa demais para que, aparentemente, se possa reconhecer a presença da inteligência nas máquinas. Essa falta de reconhecimento poderia ser verdadeira se um fator muito relevante não fosse deixado para trás, a saber, os algoritmos de IA aprendem. Não é do acaso que surgiram os nomes de "aprendizado de máquina" e, mais ainda, "aprendizagem profunda". Onde existe aprendizagem, agenciamentos inteligentes entram em cena. Aprender implica um maior ou menor grau de autonomia transformadora. Essa autonomia, evidentemente em grau bem inferior à autonomia humana, está sendo assumida pela máquina. Não se pode negar. Essa é a justificativa para que a questão da aprendizagem tenha sido escolhida, nem poderia ser diferente, como eixo para a comparação entre inteligência humana e IA, conforme discussões a serem desenvolvidas nos próximos capítulos.

CAPÍTULO 6

APRENDIZAGEM HUMANA

Tanto quanto inteligência, ou talvez ainda mais, aprendizagem é um conceito de largo e complexo alcance. Existem dezenas de teorias da aprendizagem humana. A quantidade é explicável porque teorias da aprendizagem fundamentam processos educacionais, ou seja, escolhas de caminhos que são feitas de acordo com os fundamentos e roteiros práticos extraídos das teorias. Ademais, existe uma tendência na educação, de que linha for, a se colocar ênfase na aprendizagem. Nem poderia ser diferente.

Existe um consenso de que a aprendizagem é transformadora, responsável pelo desenvolvimento de novas habilidades mentais e competências para a ação e certamente fonte do conhecimento que é construído e reconstruído continuamente na medida em que não cesse de ser movido pela aprendizagem. Diante disso, filosofias e teorias explicam a aprendizagem com os meios que têm sem deixar de levar em conta que se trata de um processo que não pode ser considerado no seu isolamento, mas implicado em uma série de variáveis tais como maturação, contexto social, motivação psíquica etc.

O fato é que a aprendizagem se constitui em um dos mais importante fatores de transformação e crescimento do humano como ser social. Desde que se tem notícia sempre se ensinou e aprendeu em função dos materiais e meios disponíveis para isso em cada momento ao longo da história. Todavia, foi o nascimento da psicologia como ciência e seu desenvolvimento do século 19 para cá que marcou a

A INTELIGÊNCIA ARTIFICIAL É INTELIGENTE?

emergência das teorias intimamente ligadas aos processos que regem a aprendizagem. De uns quarenta anos para cá, o desenvolvimento das ciências cognitivas, da neurociência e das ciências computacionais, em adição às teorias do aprendizado mais tradicionais, conduziu à constituição das ciências da aprendizagem. Antes da atenção que deve ser dada a elas, será apresentado a seguir um breve panorama das teorias da aprendizagem que se tornaram mais conhecidas e empregadas.

Teorias da aprendizagem tradicionais

Embora sejam muitas as teorias de aprendizagem, o que as une é a busca de reconhecimento da dinâmica envolvida nos atos em que o aprendizado se dá e que são capazes de evidenciar passos evolutivos na cognição humana por meio da comparação entre conhecimentos prévios e novos conhecimentos. Contudo, não é o conhecimento em si que interessa, mas o saldo em crescimento pessoal e social que ele traz. As muitas teorias da aprendizagem existentes dependem dos fundamentos psicológicos que estão por trás delas. Uma primeira classificação bem geral é aquela que parte de grandes tendências como são as correntes comportamentalistas, as cognitivistas e as humanistas. De acordo com as primeiras, a aprendizagem envolve a aquisição de comportamentos expressos em relações de estímulos e respostas capazes de evidenciar que o processo foi realizado. As cognitivistas entendem o aprendizado de acordo com operações de codificação e decodificação simbólicas que se realizam em condições de interação com o meio ambiente. As humanistas, por seu lado, prezam o caráter das experiências pessoais de cada aprendiz responsáveis por processos de aprendizagem que lhe dão unicidade.

Essas tendências muito gerais desmembram-se em dezenas de teorias, algumas delas a serem indicadas a seguir com seus autores correspondentes, com mais detalhes para aquelas que se tornaram mais empregadas no Brasil. Muitíssimo conhecidas são as teorias behavioristas do aprendizado que nasceram como uma reação contra a psicologia

CAPÍTULO 6. APRENDIZAGEM HUMANA

introspectiva dominante no século 19, a qual dependia fortemente de relatos em primeira pessoa. J. B. Watson e B. F. Skinner rejeitaram os métodos introspectivos por estarem suportados na subjetividade e não serem passíveis de mensurações, a saber, o mensurável, um princípio que é reconhecido como científico. Por isso, esses autores buscaram se concentrar em eventos e comportamentos observáveis e quantificáveis. O experimento com o cão de Pavlov, para ilustrar o que é observável no comportamento do aprendiz, é bastante conhecido, dispensando, portanto, sua repetição aqui, bastando indicar a conclusão que dele foi extraída e expandida – por exemplo, no estudo do comportamento verbal de Skinner (1973) – relativa ao fato de que aquilo que experienciamos e o nosso ambiente são os condutores dos modos como agimos. A teoria do aprendizado que se extrai desses princípios é expressa nas relações de estímulo e resposta, sustentadas pela chave do reforço positivo. A repetição e o reforço positivo irmanam-se nessa teoria em aliança com a motivação, visto que reforço positivo ou negativo interferem na motivação.

De acordo com Maheshwari (2015), insatisfeitos com as tendências behavioristas da aprendizagem, um grupo de psicólogos alemães fundaram nos anos 1920 a escola gestáltica da percepção, cujos estudos levaram ao desenvolvimento de uma teoria própria da aprendizagem. De acordo com esses autores, alguns aspectos da percepção visual são universais e eles podem ser pensados semioticamente como códigos perceptivos. Disso decorre que o aprendizado depende de um esforço deliberado e consciente do indivíduo, em vez de um mero produto da formação de hábitos ou de uma conexão estímulo-resposta. O aprendiz não apenas responde a um estímulo, mas processa mentalmente o que recebe ou percebe. Assim, a aprendizagem é uma atividade intencional, exploratória e criativa, em vez de estar baseada em tentativa e erro. Do princípio gestáltico de que o todo é maior do que a soma das partes, extrai-se que o aprendizado não provém meramente do estudo das partes constituintes, mas sim, da compreensão da totalidade. Alguns dos princípios para a aprendizagem extraídos dessa teoria são: habilidade de resolver problemas, a importância da motivação, a aprendizagem como um processo orientado para um alvo, a ênfase no entendimento suportado por habilidades mentais mais do que em estímulos, a relevância de experiências prévias.

Contudo, não faltaram críticas às teorias gestálticas por serem muito descritivas e qualitativas em vez de oferecerem explicações e modelos mais precisos para os fenômenos descritos, limitando-se a experiências subjetivas sem apresentar uma abordagem científica básica para se entender o todo como o conjunto de suas partes.

O tradicional texto de Tolman, republicado em 1997, além de apresentar uma síntese bastante singular, é interessante porque apresenta uma teoria factual da aprendizagem, ou seja, a aprendizagem pelo prisma dos fatos em que se dá. Bastante marcada pelo ponto de vista do estímulo e resposta, o interesse decorre da atenção que é dada a formas de aprendizagem bem distantes de uma visão cognitivista, mas nem por isso, concernente a tipos de aprendizagem. O autor agrupa os fatos de aprendizagem sob a égide das teorias de arco reflexo e teorias de campo. As primeiras subdividem-se ainda em teorias de reflexo condicionado e teorias de tentativa e erro. As teorias de campo são de caráter gestáltico ou quase gestáltico. As teorias do reflexo condicionado assumem que todo aprendizado se reduz a reflexos condicionados. No caso das formas superiores de aprendizagem, elas assumem processos simbólicos hipotéticos, que também obedecerão às leis do condicionamento. A base para a crítica de tais teorias do reflexo condicionado, do ponto de vista do autor, reside no fato de que a resposta aprendida praticamente nunca é, salvo na configuração estrita do reflexo condicionado, a mesma resposta dada ao reflexo condicionado. Em vez disso, a resposta aprendida é geralmente nova e varia apropriadamente com as interrelações espaciais e temporais ou outras entre os dois estímulos. As teorias de tentativa e erro supõem que todo aprendizado se reduz à inclusão de uma entre uma série inicial de respostas alternativas em relação a um e o mesmo estímulo, e ao abandono das outras respostas alternativas. As principais dificuldades com a teoria da tentativa e erro, do ponto de vista desse autor, encontram-se nos fatos de aprendizado latente. As teorias de campo assumem que o comportamento é mediado por padrões de ajustamento organizados ao modo da Gestalt. Esses padrões intervêm entre o estímulo e a resposta. Todas

CAPÍTULO 6. APRENDIZAGEM HUMANA

as teorias aderentes às teorias de campo concebem que o aprendizado envolve reorganizações dentro de tais campos.

Bastante reconhecida é a epistemologia genética de Jean Piaget (1971), que deu origem a uma teoria da aprendizagem nela inspirada. O ponto central da epistemologia encontra-se no desenvolvimento da estrutura cognitiva do sujeito. O livro-síntese dessa complexa teoria tem início com a formação dos conhecimentos que se inicia nos níveis sensório-motores, passando para o primeiro nível do pensamento pré--operatório que é seguido pelo segundo nível, então, avança para o primeiro nível do estágio das operações concretas e prossegue para o segundo nível até chegar nas operações formais (ibid., p. 7-54). A segunda parte do livro é dedicada às condições orgânicas prévias, referindo-se, portanto, à biogênese dos conhecimentos que inclui a passagem do instinto à inteligência e às autorregulações. Por fim, a terceira parte, dedicada à discussão epistemológica, termina com o problema central da construção do conhecimento. É justamente em função do problema relativo a como o conhecimento é construído que, para muitos, a epistemologia genética localiza-se no elenco das teorias construtivistas do aprendizado.

Para Piaget, o desenvolvimento é entendido como um aumento da complexidade, mobilidade e sistematização das estruturas cognitivas. O pensamento (a capacidade de raciocinar, conectar ideias e resolver problemas) resulta de estruturas cognitivas que são gradualmente construídas no cérebro como resultado da exposição direta e interação com o ambiente. Nessa medida, a aprendizagem é um processo de adaptação aos estímulos ambientais, envolvendo períodos sucessivos de assimilação, acomodação e equilíbrio. Ao assimilar o conhecimento, o aprendiz incorpora suas experiências e observações na lógica de seus entendimentos existentes ou em desenvolvimento. A acomodação ocorre quando há um conflito ou incompatibilidade entre as novas informações e os modelos internos do educando, levando-o a adaptar seus entendimentos e expectativas existentes para incorporar suas novas percepções e experiências.

A aprendizagem depende não apenas da experiência, mas também do amadurecimento dos educandos e de sua capacidade de absorver e aprender com os estímulos. Piaget observou que os aprendizes são limitados por suas estruturas cognitivas existentes para o desenvolvimento de novas maneiras de compreender os fenômenos. Esse desenvolvimento ocorre em quatro estágios progressivos nos quais o pensamento progride do pensamento "concreto", egocêntrico, que está fortemente ligado às experiências físicas, para o raciocínio "formal", abstrato, que envolve a manipulação mental e não física de conceitos e ideias. Cada estágio representa uma diferença qualitativa fundamental nas formas de perceber o mundo, processar e responder à informação e desenvolver conceitos. As etapas para isso estão descritas nos estágios de sua epistemologia genética enunciados acima.

A aprendizagem está ligada às interações com os objetos, e não à transmissão de informações. Disso depende o desenvolvimento do pensamento lógico e matemático à medida que as ações são internalizadas como processos de pensamento. Piaget pensava que o desenvolvimento da cognição tinha uma base biológica (inata e predeterminada), sem deixar de dar à sociedade um papel a desempenhar no fornecimento de possibilidades adequadas para os aprendizes desenvolverem sua cognição.

Os adeptos da teoria piagetiana têm lembrado que desenvolvimentos recentes na neurociência confirmam a flexibilidade do cérebro e sua capacidade de responder e crescer com a experiência, o que se alinha com a teoria de Piaget da construção de estruturas cognitivas para dar conta e incorporar o conhecimento de diferentes experiências. A neurociência também mostra que, à medida que os educandos se desenvolvem, vão adicionando formas mais avançadas de pensamento ao seu repertório (PIAGET'S THEORY).

Sem que a influência de Piaget possa ser minimizada, sua teoria não deixou de ser submetida a críticas que apontam para o fato de que a importância do conhecimento e o impacto da cultura foram nela subestimados. Ademais, não só a ênfase na descontinuidade das novas habilidades do aprendizado é refutada por teses sobre o contínuo da aprendizagem, quanto também foi comprovado culturalmente que o pensamento operacional não é universal. É comum que os críticos de Piaget lancem mão da teoria da aprendizagem sociointeracionista de

CAPÍTULO 6. APRENDIZAGEM HUMANA

Vygotsky como capaz de superar as falhas apresentadas pelas concepções piagetianas.

Para Vygotsky, o conceito de mente é, por princípio, social. Vem daí que o ambiente sociocultural tenha importância decisiva no desenvolvimento cognitivo que implica a linguagem, o pensamento e o raciocínio (VYGOTSKY, 1979). Diferentes contextos criam diferentes formas de desenvolvimento inseparáveis da interação social e da diferença entre o desenvolvimento real e o potencial, ou seja, a um determinado potencial para cada intervalo de idade. A aprendizagem depende da inserção e do relacionamento da pessoa em um grupo social, pois o conhecimento surge primeiro no grupo para ser, então, interiorizado.

Em distinção a outros teóricos também focados no desenvolvimento, tais como Piaget ou Koffka, e igualmente em oposição às teorias behavioristas, Vygotsky focalizou o problema da psicologia dos seres humanos na determinação histórica e transmissão cultural. Para ele, o desenvolvimento não se confunde com acumulação lenta de mudanças unitárias, mas depende "de um complexo processo dialético caracterizado pela periodicidade, irregularidade no processo de desenvolvimento das diferentes funções, metamorfose ou transformação qualitativa de uma forma em outra, entrelaçamento de fatores externos e internos e processos adaptativos (JOHN-STEINER e SOUBERMAN, 1984, p. 137).

Vygotsky compartilha com Piaget a importância dada ao organismo ativo, pois ambos foram observadores argutos do comportamento infantil. Contudo, em Vygotsky, essa habilidade foi amplificada por sua familiaridade com o materialismo histórico, "por sua concepção do organismo com alto grau de plasticidade e pela sua visão do meio ambiente como contextos culturais e históricos em transformação dentro do qual crianças nascem, eventualmente participando da sua transformação". Enquanto Piaget defende que a estruturação do organismo precede o desenvolvimento, para Vygotsky é o próprio processo de aprender que gera e promove o desenvolvimento das estruturas mentais superiores. Se, para Piaget, os estágios universais têm um suporte mais biológico, Vygotsky, por seu lado, ocupa-se "da interação

A INTELIGÊNCIA ARTIFICIAL É INTELIGENTE?

entre as condições sociais em transformação e os substratos biológicos do comportamento" (ibid., p. 139, ver também DEVRIES, 2000).

Dentro de uma linha psicogenética que o coloca comparativamente com Piaget, para Henry Wallon existem várias etapas no desenvolvimento humano, de acordo com as faixas etárias da pessoa. Conforme o *Dossier Wallon-Piaget*, desenvolvido por Clanet et al. (1979), tudo começa no estágio do impulso emocional que vai de 0 a 2-3 meses e que corresponde à impulsividade fisiológica e motriz pura (espasmos, contrações, gritos). Então, dos 3 a 9 meses vem o estágio emocional com o surgimento da mímica expressa no sorriso. Em seguida, dos 9 aos 12 meses, as expressões emocionais tornam-se dominantes junto com a sistematização dos exercícios sensório-motores. O estágio sensório motor e projetivo começa a se desenvolver dos 12 aos 18 meses, marcado por um comportamento de orientação, investigação do espaço circundante ampliado pela locomoção. Isso prossegue para a inteligência das situações, dos 18 meses a 2-3 anos no estágio projetivo caracterizado pela imitação, simulacro e atividade simbólica, portanto, pela inteligência representativa discursiva. O estágio seguinte é personalíssimo, pois nele, aos 3 anos, dá-se a formação do caráter e da autonomia como pessoa. Os 4 anos, então, correspondem à idade da graça, ou seja, do narcisismo. Prossegue aos 5 a 6 anos para a representação de papeis e imitação de personagens. Isso é seguido pelo estágio do pensamento categorial, dos 6 a 7 anos, idade escolar, do desmame afetivo e início da autodisciplina mental. Prossegue nos 7 a 9 anos marcados pela constituição da rede de categorias, dominadas por conteúdos concretos. A seguir, dos 9 a 11 anos surge o conhecimento operativo racional e suas funções categoriais. Tem início, então, o estágio da puberdade-adolescência, caracterizado pela crise diante das transformações corporais e pelos conflitos e dúvidas psíquicas. A consciência de si é acompanhada por inquietudes metafísicas e busca de orientações e definição de metas (ver também DANTAS, 1992, e DÉR, 2004).

Essas fases de desenvolvimento servem de fundamentos psicológicos para a pedagogia. A ênfase na emoção e na dimensão afetiva, que estava em falta nas teorias de Piaget e Vygotsky, traz contribuições para uma

CAPÍTULO 6. APRENDIZAGEM HUMANA

visão muito capilar e entrelaçada do desenvolvimento biológico, afetivo e intelectual que ajuda a compreender o ser humano de maneira mais complexa. Tanto Piaget quanto Wallon prosseguem até a adolescência, enquanto o pensamento de Vygotsky aplica-se para a vida toda.

As teorias construtivistas

A teoria de Jerome Bruner costuma ser indicada como paradigmática das correntes construtivistas. Sua teoria, desenvolvida nos anos 1960, é conhecida como aquela que se baseia na aprendizagem por descoberta, uma vez que está centrada na ideia de que o aprendiz deve adquirir conhecimentos por meio de empenho próprio guiado pela motivação e a curiosidade. Aprender, portanto, significa descobrir como funcionam as coisas de forma ativa e construtiva, em processos educativos que desenvolvam tanto habilidades verbais quanto também a imaginação, a solução de problemas e a representação e flexibilidade mentais. Nessa medida, o aprendizado é um processo sobretudo ativo, no qual o aprendiz constrói novas ideias ou conceitos, baseado em seus conhecimentos prévios e os que estão sendo estudados, baseado em sua estrutura mental inata. O aprendiz filtra e transforma a nova informação, infere hipóteses e toma decisões, utilizando uma estrutura cognitiva. Essa estrutura cognitiva – esquemas e modelos mentais – fornece significado e organização para as novas experiências, permitindo ao aprendiz enriquecer seu conhecimento além do conceito estudado, por meio do relacionamento das novas informações com seus conhecimentos prévios. Isso implica que os procedimentos pedagógicos devem favorecer a transferência do aprendizado, mais do que a mera assimilação e memorização, levando à busca de solução para novos problemas para os quais as velhas fórmulas não são adequadas, conduzindo, portanto, à resolução de problemas por novos caminhos.

As concepções de Bruner estão alicerçadas em sua teoria da representação mental que se distribui em inativa (conhecer por meio da ação), icônica (conhecer por imagens) e simbólica (conhecer por meio de símbolos). O desenvolvimento humano implica um domínio dessas três formas de representação e da habilidade de tradução entre elas. Nessa medida, aprender resulta de um feixe de influências familiares, comunitárias, culturais e de formação que funcionem como alimentadoras das habilidades para captar, transformar e transferir o que foi aprendido em processos que exigem criatividade, inovação e capacidade para enfrentar emergências e imprevistos (BRUNER, 1973a e b).

Bruner não está sozinho na sua defesa de uma posição construtivista do aprendizado. Há teorias construtivistas do aprendizado explícitas e implícitas. Isto se explica porque são muitas as teorias construtivistas e elas se distribuem em função das áreas em que debruçam o seu pensamento. Assim, existem pelo menos três principais modalidades de construtivismo: o cognitivo, o sociocultural e o radical. Todas elas partem de um mesmo princípio: o ser humano é o agente do conhecimento e responsável pela construção sociocultural constitutiva da realidade. Ao fazerem uso dos princípios defendidos por essas modalidades de construtivismo, as teorias do aprendizado são delineadas.

Para o construtivismo cognitivo, o aprendizado está relacionado ao estágio de desenvolvimento cognitivo do aprendiz, de modo que os métodos empregados devem ligar os ensinamentos a conhecimentos prévios para que novas informações a eles se acomodem. É nesse sentido que a teoria piagetiana costuma ser alocada no rol do construtivismo. Já o construtivismo sociocultural coloca ênfase na natureza colaborativa do aprendizado que depende de situações interativas responsáveis pela construção coletiva do conhecimento e da realidade. O nome de Vygotsky está ligado a essa modalidade de construtivismo que, sem deixar de ser também cognitivo, acrescenta a este o elemento social e a influência entre pares.

A teoria do construtivismo radical foi desenvolvida por Ernst Von Glasersfeld, em 1974. Para esse autor, a teoria da aprendizagem behaviorista trouxe consequências infelizes devido à sua tendência de concentrar a atenção no desempenho dos alunos e não nas razões que os levam a responder ou agir de uma determinada maneira. "O reforço fomenta a repetição do que é reforçado, independentemente da compreensão do sujeito agente sobre o problema que foi colocado e da lógica inerente que distingue entre soluções e respostas inadequadas.

CAPÍTULO 6. APRENDIZAGEM HUMANA

O treinamento, assim, pode modificar as respostas comportamentais, mas deixa a compreensão do sujeito respondente para a sorte dos acidentes".

Von Glasersfeld defende que os conceitos não podem simplesmente ser transferidos, mas devem ser concebidos. Para isso, é necessária uma teoria do conhecimento, ou melhor, uma epistemologia, justo aquilo que o construtivismo busca introduzir com sua nova perspectiva de construção do conhecimento conceitual. A mudança proposta consiste em abandonar a exigência de que o conhecimento representa um mundo independente e admitir, em vez disso, que o conhecimento representa aquilo que podemos fazer em nosso mundo experiencial, o sucesso dos modos de lidar com os objetos que chamamos de físicos e as maneiras bem-sucedidas de pensar com conceitos abstratos. Sem desmerecer o aprendizado memorizável, o que importa não é descobrir, mas, sim, inventar (VON GLASERSFELD, 1995).

O que se pode extrair das diversas modalidades de construtivismo, no que diz respeito ao aprendizado, são os seguintes princípios: o conhecimento é construído, o educando aprende a aprender enquanto aprende, a aprendizagem é um processo ativo, social e contextual, além de ser pessoal, ou seja, baseado em experiências e crenças que são pessoais, o aprendizado se processa na mente, a motivação é chave para a aprendizagem. Embora seja muito aceito entre educadores, não faltam críticas ao construtivismo. A maior crítica está voltada para a sua falta de estrutura. Alguns aprendizes precisam de ambientes de aprendizado altamente estruturados e organizados para prosperar, e o aprendizado construtivista se concentra em um método mais descontraído para ajudar os alunos a se envolverem em seu próprio aprendizado.

Conhecida por alguns no contexto das ciências cognitivas, inclusive das teorias da mente e cognição encarnadas (VARELA et al., 1993), a teoria da autopoiese foi desenvolvida nos anos 1970, por Maturana e Varela (1987), biólogos celulares e teóricos de sistemas chilenos, para descrever a capacidade das células vivas de se reproduzir e se auto-organizar. Ao ser empregada pelo filósofo e sociólogo alemão, Niklas Luhmann (1998), a noção de autopoiese ganhou notoriedade. No contexto do trabalho de Luhmann, a autopoiese capturou a sua concepção de sociedade como composta por sistemas fechados de comunicação autorreferencial que constantemente se reproduzem e evoluem por meio da repetição ou autorreferencialidade de suas próprias operações. Quando usada em referência a fenômenos sociais, a autopoiese é geralmente empregada como uma referência abreviada à teoria da sociedade de Luhmann. No entanto, sem utilizar a mesma mistura entre autopoiese e a teoria dos sistemas como fez Luhmann, dado o seu potencial, os campos em que autopoiese tem sido empregada são muitos, como, por exemplo, o direito (KEENAN, 2022) e, sem dúvida, a educação, devido à compreensão de aprendizagem, pode-se dizer, construtivista, que ela traz.

Processos cognitivos se desenvolvem à maneira das células que crescem e se multiplicam de modo autopoiético em ambientes propícios. Assim, a cognição, segundo Maturana e Varela, caracteriza-se como uma ação efetiva que possibilita um sistema vivo existir em um determinado ambiente, criando assim seu próprio mundo. Nessa medida, dar ao aprendiz a oportunidade para existir em um determinado ambiente (o mundo de hoje) significa garantir-lhe o espaço seguro para desenvolver uma relação com o meio ambiente e permitir que ele crie seu próprio mundo ou contexto significativo. Quanto mais profunda e ampla for a conexão com esse contexto significativo, tanto mais significativo ele se torna. Não é por acaso que, além da educação, a não da autopoiese tem sido muito empregada no mundo do direito, na medida em que a existência de contextos significativos depende da garantia dos direitos humanos e de uma cidadania sadia.

A filosofia pragmática de J. Dewey tem sido muito lembrada no contexto das tendências construtivistas do aprendizado. A presença de Dewey em discursos sobre educação tem sido quase obrigatória. Não é sem razão. Ele foi um progressista e reformador social na sua crença de que as pessoas têm a responsabilidade de tornar o mundo um lugar melhor para se viver. Para isso, a educação desempenha papel primordial na medida que funciona como um ingrediente crucial no desenvolvimento social e moral. (WILLIAMS, 2017, p. 91-92).

CAPÍTULO 6. APRENDIZAGEM HUMANA

Teorias adicionais

Adicionais não quer dizer que são teorias menos importantes, mas sim que não têm sido empregadas, pelo menos no Brasil, com a mesma frequência daquelas que foram mencionadas acima. Nesse rol adicional encontra-se a teoria experiencialista de C. Roger e de David A. Kolb. Esta propõe que as pessoas aprendem melhor aquilo que é necessário, já que a necessidade muitas vezes se irmana com o interesse natural de aprender e com a motivação indispensável a um aprendizado bem-sucedido. Essa teoria identifica as experiências significativas do cotidiano como fator central para o crescimento de conhecimento, compreensão e modificação do comportamento do aprendiz. Kolb identifica quatro estágios no processo de aprendizagem: experienciar, absorver e refletir sobre a experiência, conceitualizar a experiência e testar os conceitos em outras situações. Esses estágios são cíclicos e funcionam como um *feedback loop* contínuo que permite aos aprendizes aperfeiçoarem suas habilidades e serem capazes de aplicar o conhecimento recém adquirido. Essa teoria também põe ênfase no aspecto interacional que coloca professor e aprendiz como corresponsáveis pela aprendizagem (INTRODUCTION OF EDUCATIONAL...).

Aprendizagem significativa é a teoria desenvolvida por David Ausubel, segundo a qual as ideias expressas simbolicamente interagem de maneira substantiva e não-arbitrária com aquilo que o aprendiz já sabe. Substantiva quer dizer não-literal, não ao pé-da-letra, e não--arbitrária significa que a interação não se dá com qualquer ideia prévia, mas sim com algum conhecimento especificamente relevante já existente na estrutura cognitiva do sujeito que aprende. A condição para que a aprendizagem ocorra é que conceitos relevantes e inclusivos devem estar claros e disponíveis na estrutura cognitiva do indivíduo e a aprendizagem de fato ocorre quando uma nova informação se ancora em conceitos ou proposições relevantes preexistentes. Nesse processo, os novos conhecimentos adquirem significado para o sujeito e os conhecimentos prévios são ressignificados, produzindo maior estabilidade cognitiva (AUSUBEL, 2003).

A INTELIGÊNCIA ARTIFICIAL É INTELIGENTE?

A teoria da aprendizagem situada de Jean Lave (1991) ocorre em atividades informais do cotidiano das pessoas, em grupos ou individualmente, ou seja, a pessoa a pratica com espontaneidade sem que seja cobrada ou avaliada por tal ação. Trata-se de uma aprendizagem que ocorre no contexto e na cultura, pois são essas as situações em que os aprendizes se envolvem em comunidades de prática as quais se constituem em condições intrínsecas para a existência do conhecimento. Trata-se de um tipo de aprendizagem informal que acontece no mundo da vida e da qual quem aprende nem chega a se dar conta de que está aprendendo e que algum tipo de raciocínio está sendo empregado para isso.

Considerada dentro das propostas construtivistas, a teoria da flexibilidade cognitiva, desenvolvida por Spiro et al. (1988) é uma teoria mais específica do que geral, pois não se aplica a qualquer nível de desenvolvimento, mas, sim, à aquisição de conhecimento em nível avançado, em domínios conceitualmente complexos e pouco estruturados. Foram essas condições, em que a transferência de conhecimento para novas situações se torna mais dificultosa, que motivaram a teoria na sua proposta de flexibilização do acesso ao conhecimento. Isso significa levar o aprendiz à mesma informação, mas com finalidades diversas. Para isso, os autores lançam mão dos sistemas de tecnologia interativa como hipertexto e hipermídia para implementar sua teoria, na medida em que estes sistemas apresentam uma estrutura reticular, ou seja, não linear, descentrada e marcada por pistas de navegação que garantem a orientação do usuário e seu retorno à mesma informação em diferentes situações. Assim, os assuntos complexos e pouco-estruturados podem ser mais bem adquiridos por meio de múltiplas representações mentais que acionem a flexibilidade cognitiva.

Também conhecida como instrução ancorada, a aprendizagem baseada em problemas constitui-se em paradigma importante para se pensar a aprendizagem que faz uso de tecnologias interativas. Foi desenvolvida pelo *Cognition & Technology Group at Vanderbilt* (CTGV), sob liderança de John Bransford et al. (1986; Lin et al., 2007). A aprendizagem se inicia com um problema a ser resolvido que funciona como uma âncora. Isso provoca uma reviravolta no processo.

CAPÍTULO 6. APRENDIZAGEM HUMANA

Em vez de receptor de informações, o educando torna-se responsável por sua busca de conhecimento. Para isso, faz uso de fontes, na maior parte das vezes computacionais, que lhe permitem selecionar e confrontar as informações que podem conduzir à resolução da questão proposta. Aprender, portanto, significa explorar, refletir e depurar as próprias ideias tendo em vista o alvo esperado. Desse modo, a instrução ancorada compartilha tanto os princípios da aprendizagem situada quanto da flexibilidade cognitiva. Ademais, esse tipo de aprendizado constitui-se em uma das variadas metodologias que passaram a se agrupar nos estudos e aplicações das "metodologias ativas", quer dizer, metodologias que propõem uma reviravolta nos papeis hierárquicos que eram tradicionalmente desempenhados pelo professor em prol do aprendizado compartilhado e distribuído. Certamente essas metodologias tornaram-se possíveis ou pelo menos incrementaram-se graças à emergência da cultura do computador e as novas formas de pesquisa que possibilita.

Por fim, a teoria das inteligências múltiplas de Gardner (1994) traz inegáveis consequências para a aprendizagem (GARDNER, 1995). Segundo o autor, a inteligência não é um monolito, mas se apresenta em múltiplas facetas. Há diferentes tipos de inteligência que Gardner subdivide em: naturalista, intrapessoal, linguística, visual/espacial, lógico/matemática, existencial, musical, interpessoal, corporal-cinestésica. Cada pessoa se distingue pela faceta em que seu talento se manifesta com mais naturalidade, pois exibe habilidades e aptidões que lhe são próprias. A inteligência tem um fundo biopsicológico que pressupõe a genética, ela depende das estruturas da mente, mas também do contexto social para se desenvolver.

A inteligência lógico-matemática apresenta habilidades para conceitos matemáticos que dependem do raciocínio dedutivo. Esse é o universo das resoluções que exigem cálculo desde suas formas mais simples até as mais complexas. A inteligência linguística se revela na habilidade para aprendizagem de línguas, na notável fluência verbal tanto oral quanto escrita e na capacidade de se comunicar com facilidade. A espacial-visual manifesta-se no universo das criações visuais tanto artesanais quanto mediadas por dispositivos, tanto bidimensionais quanto tridimensionais. A musical está ligada à aptidão para reconhecer e desempenhar os atributos próprios da linguagem sonora, tais como timbre, duração, ritmos, melodia etc. A físico-cinestésica é aquela que se desenvolve nas habilidades corporais e que surge em pessoas com a capacidade de levar essas habilidades ao limite do possível. A intrapessoal conjuga-se na capacidade de conhecer a si mesmo, por isso está ligada ao autocontrole, e à consciência moral. A interpessoal corresponde à relação com o outro, expressa no saber compreender para melhor comunicar e mesmo persuadir. A existencial se apresenta na capacidade reflexiva, nas meditações sobre a vida e seus valores. Por fim, a naturalista está ligada ao despertar para a continuidade entre os seres vivos e não vivos como habitantes de uma mesma terra e um mesmo céu.

As consequências que essa concepção multivalente da inteligência traz para a aprendizagem parecem óbvias. Situações de aprendizagem são aquelas movidas pelo respeito às diferenças, pela compreensão de que cada ser humano é uma mistura entre limites e talentos, o que afasta qualquer redução da aprendizagem a modelos únicos ou hierárquicos. O segredo reside na aprendizagem personalizada em que cada pessoa possa ser capaz de demonstrar aquilo que tem de melhor.

As ciências da aprendizagem

As ciências cognitivas, cujo panorama foi brevemente exposto no capítulo 2, abrigaram, desde meados do século passado, um feixe de ciências, todas elas, de uma forma ou de outra, voltadas para a pesquisa das operações da mente em suas várias tendências tanto de um prisma cognitivista e computacional quanto no quadro de desenvolvimento das neurociências. Semelhanças e diferenças nos modos como a mente humana e os computadores operam informações, conhecimentos e pesquisas sobre os modos de aprendizagem dos robôs levaram o campo tradicional de estudos sobre aprendizagem a uma expansão interdisciplinar constitutiva das ciências da aprendizagem. Ela se define pelo reconhecimento da fertilização cruzada e interação

CAPÍTULO 6. APRENDIZAGEM HUMANA

entre diversos campos de estudo como a neurociência, a biologia, a psicologia, a computação, a robótica e a educação, visando desenhar diferentes fontes, métodos e técnicas para o entendimento dos modos como ocorre o aprendizado.

Mudanças de comportamento emocionais e relacionais, a curto ou médio prazo, resultantes da aprendizagem sempre foram, de um modo ou de outro, detectáveis no ser humano. Algo deve ocorrer no cérebro quando a aprendizagem se realiza. Deve haver uma modificação no sistema nervoso e certamente na memória humana. Esse passo demonstrativo passou a ser buscado e desenvolvido pela neurociência. De fato, "os neurocientistas estão começando a entender os mecanismos cerebrais subjacentes ao aprendizado e como os sistemas cerebrais compartilhados para a percepção e ação apoiam o aprendizado social". Em novas alianças com as ciências computacionais, são "desenvolvidos algoritmos de aprendizado de máquina que permitem que robôs e computadores aprendam de forma autônoma. Novos *insights* de muitos campos diferentes estão convergindo para criar essa nova ciência da aprendizagem que pode transformar as práticas educacionais" (MELTZOFF et al., 2009, p. 284).

Por meio da interdisciplinaridade, a ciência da aprendizagem busca não só a identificação, sob múltiplos pontos de vista, das habilidades e competências envolvidas na aprendizagem, mas também responder como ensinar essas habilidades por diferentes meios. As metodologias de ensino dependem das fontes em que se fundamentam, mas, para a educação, o que mais importa é a passagem dos fundamentos para as práticas efetivas. Pensar sobre essas práticas extrapola os propósitos deste capítulo, já que sua proposta não vai além da apresentação de um panorama capaz de evidenciar a imensa complexidade dos processos de aprendizagem que são próprios da inteligência humana, tendo em vista todos os aspectos psíquicos, interativos, históricos e socioculturais que ela envolve. Uma vez que a aprendizagem foi tomada como carro chefe do conceito e das operações da inteligência, depois do mapeamento das diferentes teorias demonstrativas dos fatores envolvidos na aprendizagem humana, passaremos para a discussão dos processos de aprendizagem movidos pelos algoritmos computacionais da IA. Esse caminho foi escolhido porque nos permitirá compreender até onde vai a aprendizagem algorítmica de modo a poder compará-la com a aprendizagem humana e, por fim, alinhar ponderações para a pergunta que este livro se colocou: a inteligência artificial é inteligente?

CAPÍTULO 7

APRENDIZAGEM DE MÁQUINA

Um capítulo sobre aprendizagem de máquina deve necessariamente funcionar como uma amostragem de como as máquinas aprendem. Essa informação deveria ser obrigatória em textos sobre IA, em especial aqueles que justamente tratam da AM (Aprendizagem de Máquina) e AP (Aprendizagem profunda), ou seja, a tribo da IA que ganhou mais notoriedade. Para entrar no assunto, é preciso relembrar que os computadores são pura lógica. Os números e a aritmética são feitos de lógica, assim como tudo o mais que existe em um computador, a começar pelas combinações de transistores, graças aos quais um computador moderno pode fazer várias coisas, dependendo dos transistores que forem ativados. Como já foi discutido no capítulo 1, antes que os algoritmos da IA tivessem triunfado, para levar o computador a executar uma operação – "desde somar dois números a pilotar um avião" – era preciso escrever um algoritmo que explicasse como fazer isso, com detalhes minuciosos. Porém, os algoritmos de AM, também conhecidos como aprendizes, são diferentes: eles tendem a descobrir sozinhos, fazendo inferências a partir de dados. "Atualmente não precisamos programar os computadores: eles mesmos se programam. Isso não ocorre apenas no ciberespaço: todo o seu dia, do momento em que você acorda até a hora em que vai dormir, tem a ajuda da AM" (DOMINGOS, 2017, p. 13).

Em ML, o algoritmo é tipicamente diferente de um tradicional. A razão é que o primeiro passo é processar dados para, em seguida, o computador começar a aprender. Por isso, o aprendizado é, sem dúvida a chave da IA. AM não é sinônimo de behaviorismo. Os algoritmos de aprendizado modernos podem aprender representações internas sofisticadas e não apenas associações par a par entre estímulos. O objetivo da IA é ensinar os computadores a fazer "o que atualmente os humanos fazem melhor, e aprender é, sem dúvida, a mais importante dessas tarefas; sem ela nenhum computador pode se comparar a um humano por muito tempo, com ela, o resto vem a reboque". Os algoritmos de aprendizado são capazes de prever com precisão eventos raros nunca vistos antes de modo que se pode dizer que essa é a função principal da AM (ibid., p. 21, 31, 61).

A AM está, de fato, no coração da IA. Trata-se da ciência que consiste em levar o computador a agir sem programação prévia. Para isso, são utilizadas técnicas estatísticas que permitem ao computador progressivamente aperfeiçoar seu desempenho em uma determinada tarefa. A chave da AM reside, portanto, no fato de que um computador pode aprender e melhorar sem que tenha sido programado para tal. Isso se tornou possível por conta de conceitos avançados de estatística, especialmente análise de probabilidade. Assim, um computador pode ser treinado para fazer previsões precisas (TAULLI, 2020, p. 65).

Os principais conceitos estatísticos necessários à ML são: 1) desvio padrão que mede a dispersão dos valores em relação à média; 2) distribuição normal definida como a soma das probabilidades para uma variável; 3) teorema de Bayes, uma maneira de fornecer uma melhor compreensão dos resultados; 4) correlação, a tendência para encontrar padrões em ruídos sem sentido; e 5) extração de recursos, ou seja, a seleção das variáveis para um modelo ou engenharia de recursos (ibid., p. 65, 68-69).

O teorema de Bayes, muito presente na IA, é uma máquina que transforma dados em conhecimento. De acordo com os estatísticos bayesianos, ela é a única maneira correta de transformar dados em conhecimento. Outros estatísticos têm ressalvas sobre o modo como o teorema de Bayes é usado e preferem outras formas de aprender a partir dos dados. Na época anterior à computação, o teorema de Bayes só podia ser aplicado a problemas muito simples, e a ideia de

CAPÍTULO 7. APRENDIZAGEM DE MÁQUINA

que seria um aprendiz universal parecia improvável. No entanto, junto ao big data e à *big computing*, o teorema encontrou seu lugar no vasto espaço das hipóteses e se espalhou para todas as áreas de conhecimento concebíveis. Se há um limite para o que esse teorema pode aprender, ainda não sabemos, diz Domingos, (2017, p. 56)

Avanços recentes na AM são frequentemente referidos como avanços na IA, porque: a) sistemas com base nessa técnica aprendem e melhoram com o tempo; b) esses sistemas geram predições significativamente mais precisas do que outras abordagens sob certas condições, e alguns especialistas argumentam que a predição é essencial para a inteligência; e c) uma maior precisão desses sistemas permite que realizem tarefas que antes eram consideradas domínio exclusivo da inteligência humana (AGRAWAL et al. 2018, p. 41-42).

A predição algorítmica, segundo Russel (2018, p. 50), tornou-se possível porque a programação probabilística combina capacidades de aprendizado com o poder expressivo das linguagens lógicas e linguagens de programação. Matematicamente, é um modo de escrever modelos probabilísticos que podem ser combinados com evidência, usando inferências probabilísticas para produzir predições. Agrawal et al. (2018, p. 3) colocam tanta ênfase na predição até o ponto de afirmar que "a nova onda de IA na verdade não nos traz inteligência, mas sim seu componente crucial – a predição" que se define como um processo de preenchimento de informações ausentes. A previsão usa as informações disponíveis, geralmente chamadas de "dados", para gerar informações que não se tem. Mas o papel mais importante da previsão é aquele de funcionar como um elemento da tomada de decisão. Assim, uma previsão é uma espécie de profecia que afeta o comportamento e influencia decisões. Vem daí sua importância para entender o impacto das mudanças recentes na IA (ibid., p. 18, 23, 40).

Entretanto, é difícil questionar os algoritmos de IA para entender a origem de suas técnicas de predição, Para isso, são usados nomes e rótulos cada vez mais obscuros: "classificação, agrupamento, regressão, diferenças entre classificação e regressão, árvores de decisão, inferência bayesiana, redes neurais, análise de dados topológicos, aprendizado profundo, aprendizado por reforço, aprendizado profundo por reforço, redes de cápsula e assim por diante. Essas técnicas são importantes aos tecnólogos interessados em implementar a IA para um problema particular de predição (ibid., p. 13).

A ênfase de Agrawal et al. na predição é tão intensa (de resto, isso está explícito no título do livro, *Máquinas preditivas*) que, para os autores, IAs são preditivas, sem serem inteligentes. Se é certo que a atual geração de IA está longe das máquinas inteligentes da ficção científica, parece no mínimo estranho deixar de considerar a previsão como um atributo da inteligência. Por outro lado, se a IA moderna é apenas uma questão de predição, por que ela gera tanto burburinho? A razão, para os autores, não está na inteligência, mas no fato de a predição funcionar como um insumo fundamental. "Você pode não perceber, mas ela está em toda parte. Muitas vezes nossas predições estão escondidas como informações na tomada de decisão. Melhor predição significa melhor informação, o que significa uma melhor tomada de decisão" (ibid., p. 29). Paradoxalmente, para os autores, tal conclusão deixa implícito que a predição, tanto no raciocínio humano quanto na AM, é um componente chave da inteligência, tanto é que a precisão da previsão melhora com o aprendizado da AM, e a alta precisão da predição geralmente permite que as máquinas executem tarefas até então associadas à inteligência humana, como a identificação dos objetos.

No seu livro *On intelligence*, Jeff Hawkins (2005) foi um dos pioneiros a argumentar que a previsão é a base da inteligência humana. A inteligência humana, que está no cerne da criatividade, deve-se à forma como nosso cérebro usa as memórias para fazer previsões. Mais do que isso, a previsão não é apenas uma das coisas que o cérebro faz. É uma das principais funções do neo-córtex e a base da inteligência. Que o córtex é um órgão de previsão é acatado por Agrawal et al. (ibid., p. 39), mas, ao mesmo tempo, afirmam que especialistas em IA não aceitam a ênfase no córtex como modelo para máquinas preditivas (ibid., p. 40). O emprego das redes neurais na AP parecem capazes de refutar essa tendência, mas, antes disso, passemos para os tipos de aprendizagem da IA, um tema que costuma estar mais frequentemente presente na literatura sobre IA.

Tipos de aprendizagem

As máquinas aprendem de diversas maneiras, ou seja, mesmo que haja muitos algoritmos de AM, eles se dividem em quatro categorias chamadas de aprendizagem supervisionada, não supervisionada, aprendizagem por reforço e aprendizagem semissupervisionada (TAULLI, 2020, p. 75).

A Aprendizagem Supervisionada (AS) usa dados rotulados. Deve haver uma grande quantidade de dados para que o modelo de IA possa ser mais refinado e produzir resultados mais precisos. Portanto, trata-se de uma técnica que é utilizada quando se tem um bom volume de dados. Havendo muitos dados, o processo pode ser demorado, mas podem existir abordagens automatizadas para isso. Na AS, portanto, os dados são etiquetados de modo a detectar padrões e são utilizados para etiquetar novos conjuntos de dados. Isso implica operações de classificação e de regressão numérica. A primeira determina a categoria a que pertence um objeto. A segunda lida com a obtenção de um conjunto de *inputs* numéricos ou exemplos de *output* para descobrir funções que permitam a geração de *outputs* adequados a partir dos *inputs* recebidos. Quer dizer, o que se tem aí é o mapeamento de *inputs* para a obtenção de *outputs*. Trata-se de uma inteligência limitada na aparência, mas altamente poderosa desde que se determine com clareza a aplicação correta que se busca. Assim, o algoritmo aprende a partir de dados de exemplo e de respostas-alvo associadas que podem consistir em valores numéricos ou *string labels*, como classes ou tags, de modo a prever posteriormente a resposta correta quando novos exemplos forem apresentados (mais detalhes em TAULLI, 2020, p. 75 e BODEN, 2020, p. 119-121).

A Aprendizagem Não Supervisionada (ANS) ocorre quando os dados não são etiquetados e são classificados de acordo com similaridades e diferenças. Isso se dá quando um algoritmo aprende a partir de exemplos simples sem qualquer resposta associada, o que o leva a aprender os padrões de dados por si só. Esse tipo de algoritmo tende a reestruturar os dados em algo diferente, como novas características que podem representar uma classe ou uma nova série de valores não correlacionados. Os dados resultantes são bastante úteis para oferecer *insights* aos humanos sobre o significado dos dados originais e novas entradas úteis para algoritmos supervisionados de AM.

A Aprendizagem por Reforço (AR) refere-se a conjuntos de dados que não são etiquetados, mas que, depois de executar uma ação ou várias ações, o sistema de IA fornece retroalimentação. O que acontece quando não se tem bons dados sobre o que se está tentando predizer? Então, a AR entra em cena e ocorre mesmo quando são apresentados ao algoritmo exemplos que não têm rótulos, como na ANS. No entanto, pode-se fazer o acompanhamento de um exemplo com *feedback* positivo ou negativo, de acordo com a solução que o algoritmo propõe. A AR está ligada a aplicações nas quais o algoritmo deve tomar decisões (portanto, o produto é prescritivo e não apenas descritivo como na ANS) que produzem consequências. Uma vez que a AR domina no universo dos games, no qual a única maneira de aprender é realmente jogando, exemplo típico de AR na IA encontra-se no caso dos computadores que aprendem a jogar games sozinhos (MUELLER e MASSARON, 2020, p. 129). Por isso esse tipo de aprendizagem também pode ser entendido como aprendizado por interação.

A Aprendizagem Semissupervivionada (ASS), como o próprio nome diz, mistura a AS e a ANS, esta última referente à aprendizagem que se dá quando se tem uma pequena quantidade de dados não rotulados. Segundo Taulli (2020, p. 79-80), é possível usar sistemas de AP para transformar os dados não supervisionados em dados supervisionados, em uma espécie de pseudorrotulagem.

Essas são as definições básicas para se entrar no assunto da AM. Entretanto, as técnicas são bem complicadas, envolvendo sofisticados conhecimentos matemáticos e estatísticos. Abaixo, serão indicadas algumas dessas complexidades, deixando para os especialistas as suas capilaridades, já que a intenção deste capítulo não é entrar no universo dos especialistas, mas sim, em primeiro lugar, dar uma ideia do modo como a aprendizagem age no universo das máquinas e, em segundo lugar, dar munição à tese de que, havendo aprendizagem, há, portanto, inteligência, sem que a inteligência e a aprendizagem humanas tenham de ser tomadas necessariamente como modelos exclusivos.

AP como subconjunto da AM

A AM muitas vezes é usada como termo geral para englobar também a AP, mas, na realidade, a AP corresponde a um subconjunto da AM, que utiliza algoritmos mais sofisticados de redes neurais e que, para simplificar, pode ser pensada como a automatização da analítica preditiva. Esse é o subconjunto que tem propiciado grande parte da inovação na última década. A aprendizagem é profunda porque utiliza técnicas de redes neurais artificiais que envolvem várias camadas ocultas. Desse modo, processa grandes quantidades de dados para detectar relacionamentos e padrões que os seres humanos são muitas vezes incapazes de perceber. Por meio das redes neurais, a AP é capaz de encontrar padrões no volume de dados que recebe por imitação com o funcionamento do cérebro humano. Em uma definição simplificada, uma rede neural artificial é uma função que inclui unidades que têm pesos e são usadas para prever valores em um modelo de IA. Uma camada oculta é uma parte de um modelo que processa os dados de entrada.

O verbo "imitar" deve ficar claro. Significa correspondência por semelhança, mas não identidade. No caso do universo computacional, melhor palavra do que "imitação" deveria ser "simulação". Machado (1993, p. 117) esclarece que, na computação, um modelo é um sistema matemático que procura colocar em operação propriedades de um sistema representado. O modelo é uma abstração formal e, portanto, passível de ser manipulado, transformado e recomposto em combinações infinitas. Desse modo, visa funcionar como a réplica computacional da estrutura, do comportamento ou das propriedades de um fenômeno real ou imaginário. A simulação, por sua vez, consiste basicamente em uma experimentação simbólica do modelo. A contribuição inestimável do computador está em seu poder de colocar os modelos à prova, sem necessitar submetê-los a experiências reais. Modelos sempre existiram. O que muda com o computador é a possibilidade de fazer experiências que não se realizam no espaço e tempo reais sobre objetos reais, mas realizam-se por meio de cálculos, de procedimentos formalizados e executados de uma maneira indefinidamente reiterável.

Assim, quando se fala em redes neurais artificiais, elas não se apresentam de modo similar ao funcionamento cerebral. Segundo Tegmark (2017, p. 72), nosso cérebro contém tantos neurônios quanto há estrelas na galáxia, provavelmente uma centena de bilhões. Na média, cada neurônio está conectado e influencia milhares de outros, via junções que são chamadas de sinapses. São elas que codificam as informações em nosso cérebro. As redes neurais, por seu lado, são uma coleção de pontos que representam neurônios conectados por linhas representando sinapses. No cérebro humano, os neurônios são dispositivos eletroquímicos. Eles envolvem partes distintas chamadas de axônios e dendritos. Há diferentes tipos de neurônios que operam em uma grande variedade de maneiras e que são objeto de pesquisa das neurociências. Isso não significa que o desempenho das redes neurais artificiais deixe de surpreender os especialistas em computação pelas tarefas inteligentes que conseguem realizar. Um tipo de inteligência que é devido ao fato de que as redes neurais são capazes de aprender. As mudanças adaptativas que realizam são a prova maior da aprendizagem.

Semelhante ao funcionamento cerebral em alguns aspectos, mas bem diferente em outros, uma rede neural artificial é composta por um circuito complicado com muitas camadas. Sigamos o exemplo fornecido por Russel (2018, p. 41) para que isso fique mais compreensível.

> O *input* para esse circuito poderia ser, por exemplo, os valores de pixels de imagens de cachorros Dálmatas. Então, na medida que os valores do *input* se propagam através do circuito, novos valores são calculados em cada camada do circuito. No fim, temos os *outputs* da rede neural, que são as predições sobre o tipo de objeto que está sendo reconhecido. Se há um cachorro dálmata na imagem de *input*, então quando todos os valores desses números e pixels propagarem pela rede neural e por todas as suas camadas e conexões, o *output*, que indica um dálmata, indicará um alto valor para ele e, para os cherries, um baixo valor. Então o sistema reconheceu um dálmata.

CAPÍTULO 7. APRENDIZAGEM DE MÁQUINA

Assim descrito, o processo parece simples, o que leva Ng (2018, p. 186) a afirmar que o desenvolvimento da IA está ainda baseado em aprendizado supervisionado que não é outra coisa a não ser *input* e mapeamento de *output*. Entretanto, o aprendizado supervisionado é apenas um entre outros, além de que são muito complexos os algoritmos envolvidos para que as redes neurais aprendam a pensar. Exemplos de algoritmos que entram em ação são os autoencoders empilhados, mencionados com frequência. Mas eles não são o único tipo de aprendiz profundo. Há outro baseado nas máquinas de Boltzman, além das redes neurais recorrentes, uma função que não só processa uma entrada, mas todas as outras informadas ao longo do tempo. Há, também redes neurais convolucionais, baseadas em um modelo do córtex visual que analisa os dados seção por seção, ou seja, por convoluções. Esse modelo é voltado para aplicações complexas como reconhecimento de imagem. Incluem-se igualmente redes adversariais generativas, onde duas redes neurais competem entre si em um ciclo de *feedback* apertado. O resultado é muitas vezes a criação de um novo objeto. Não pode faltar o conceito-chave de retropropagação, uma técnica sofisticada de ajuste de pesos em uma rede neural, fundamental para o crescimento da AP (TAULLI, 2020, p. 103-106, 119). Tudo isso é baseado em matemática e estatística complexas que, para o leigo, chegam a se assemelhar a códigos criptografados.

No entanto, é bom lembrar que, apesar dos sucessos notáveis das redes neurais artificiais, elas ainda estão longe de funcionar como o cérebro. "A rede do google pode reconhecer faces de gatos vistas de frente; os humanos podem reconhecer gatos em qualquer pose e até mesmo quando é difícil distinguir a face". O perceptron multicamadas das redes neurais artificiais é um modelo admissível do cerebelo, mas essa é a parte do cérebro responsável pelo controle motor de nível inferior, enquanto o córtex é outra história. "Em primeiro lugar estão faltando as conexões retrógradas necessárias à propagação de erros, além de também ser o local onde a mágica do aprendizado reside" (DOMINGOS, 2017, p. 141).

Ausência de consenso

Não obstante a dianteira bem-sucedida do conexionismo, hoje representado pela AP, falta consenso entre as tribos de IA, conforme foram discutidas no capítulo 1, sobre os modos pelos quais as máquinas processam o aprendizado. Uma vez que cada uma dessas tribos defende noções próprias de inteligência das máquinas, consequentemente, suas concepções de AM também diferirão.

A principal crença dos simbolistas, por exemplo, é que a inteligência pode ser reduzida em sua totalidade à manipulação de símbolos. Assim, a AM simbolista é uma ramificação da escola de engenharia do conhecimento da IA. Nos anos 1970, os chamados sistemas baseados em conhecimento obtiveram alguns sucessos impressionantes e, então, na década de 1980, espalharam-se rapidamente, mas depois desapareceram. "A razão foi o mal afamado gargalo do conhecimento: extrair conhecimento de especialistas e codificá-lo como regras é muito difícil, trabalhoso e propenso a erros para ser viável à maioria dos problemas". Deixar o computador aprender automaticamente, digamos, a diagnosticar doenças examinando bancos de dados de sintomas de pacientes anteriores e dos resultados correspondentes mostrou-se muito mais fácil e eficaz do que entrevistar médicos indefinidamente (DOMINGOS, 2017, p. 114).

Os conexionistas, em particular, são grandes críticos do aprendizado simbolista. Segundo eles, conceitos que não podemos definir com regras lógicas são apenas a ponta do iceberg; há muita coisa ocorrendo abaixo da superfície que o raciocínio formal não consegue ver, da mesma forma que grande parte do que ocorre em nossas mentes é subconsciente. Você não pode simplesmente construir um cientista automatizado sem corpo e esperar que ele produza alguma coisa com significado – primeiro é preciso dar-lhe algo como um cérebro real, conectado a sentidos reais, e fazê-lo crescer no mundo real, talvez tropeçando aqui e ali. Mas como construir esse cérebro? Aplicando engenharia reversa à concorrência. Se quisermos aplicar engenharia reversa a um carro, temos que olhar abaixo do capô. Para aplicar engenharia reversa ao cérebro, seria preciso olhar dentro do crânio (ibid., p. 115).

CAPÍTULO 7. APRENDIZAGEM DE MÁQUINA

Para os analogistas, por seu lado, não há aprendizagem sem operações de similaridades e diferenças que estão na base de quaisquer classificações. A habilidade de comparar conceitos entre si de modo discriminatório é a base do reconhecimento da analogia, em termos das quais os conceitos podem ser usados inteligentemente para descrever coisas que não estavam incluídas no domínio alvo tal como inicialmente concebido (BODEN, 1977, p. 267). Para perceber uma analogia é necessário reconhecer uma concordância ou correspondência em certos aspectos entre coisas que são, de certo modo, diferentes. Mas a questão que se levanta é se a analogia é um aspecto necessário de inteligência. Se ela habilita um sistema inteligente de fazer algo que de outro modo não conseguiria realizar de maneira tão econômica, ou não realizar de modo algum (ibid., p. 314-315).

Apesar das diferenças conceptuais entre as tribos, o que importa neste caso é que não parece haver dúvida sobre a questão de que as máquinas movidas a IA são capazes de aprender. Contudo, isso está longe de significar que elas têm condições de funcionar sozinhas. Na AM, alguém precisa fornecer os algoritmos certos de aprendizagem, suprir alguns parâmetros que não são possíveis de serem aprendidos (chamados de hiperparâmetros), escolher um conjunto de exemplos a partir dos quais aprender e selecionar características que os acompanham. Assim como uma criança, quando deixada sozinha no mundo, não conseguirá aprender a diferenciar o certo do errado, os algoritmos da AM também precisam dos seres humanos para aprender com êxito. Entretanto, aprender com êxito não é o mesmo que aprender o que é certo ou errado. Neste ponto, é necessário considerar, de um lado, os papeis participativos que os humanos desempenham nos processos de IA e, de outro, os modos pelos quais a IA está indissoluvelmente enredada em questões éticas.

O protagonismo humano e o enredamento ético

Não é segredo para os especialistas e nem mesmo aos leigos interessados no tema que a AP é pouco transparente e permite que o sistema,

139

ele mesmo, ajuste os parâmetros com que se conhece a função que conecta o *input* ao *output*. Isso costuma ser chamado de *black box* da IA. Mas trata-se aí apenas de um dentre os muitos tópicos relativos às questões éticas a serem levadas em conta e cuja importância justificaria um longo capítulo ou mesmo um livro, o que já foi feito por muitos autores especializados especificamente no tema (ver, por exemplo, KEARS e ROTH, 2019; COECKELBER, 2020; BLACKMAN, 2022). Nessa medida, serão pinçados abaixo apenas alguns dos fatores mais cruciais, visto que estaria perto do indesculpável falar sobre IA sem que a questão ética seja colocada em pauta.

Apontar para os problemas de ética da IA não deveria significar o ocultamento de seus efeitos benéficos. Entretanto, costumo dizer que consequências benéficas falam por si e não precisam de defensores. O contrário, no entanto, deve ser apontado, discutido e caminhos de solução devem ser buscados. Nesse ponto, outra questão deve ser lembrada. Os algoritmos de IA não estão desprendidos dos humanos. Embora eles sejam capazes de aprender, a presença humana é indispensável para isso.

Para começar, até a chegada dos dados nas redes neurais, o protagonismo humano está presente em todas as etapas, e deve retornar ao final do processo, antes que as tomadas de decisão interfiram no contexto social sem que passem pelo controle de uma curadoria. Portanto, é necessário que as decisões finais sejam resguardadas sob controle humano. Tudo depende de uma certa antecipação das interferências fortes ou fracas que os resultados poderão provocar.

No seu livro sobre *Armas de destruição em massa*, sendo essas armas justamente os algoritmos, O'Neil (apud KAUFMAN, 2017) é enfática ao apontar, a partir de sua experiência como especialista em IA, que muitos dos modelos que hoje administram nossas vidas codificam o preconceito humano: "Como os deuses, esses modelos matemáticos são opacos, invisíveis para todos, exceto os sacerdotes mais altos em seu domínio: matemáticos e cientistas da computação". Sendo isso verdadeiro, se não podemos abrir a caixa preta daquilo que acontece nas camadas de redes neurais, que, pelo menos, sejamos capazes de tomar conhecimento de um fator de suma importância, ou seja, detectar o que

CAPÍTULO 7. APRENDIZAGEM DE MÁQUINA

há de humano nas etapas do processo e a dose de responsabilidade que cabe aos humanos nos resultados finais.

Em primeiro lugar, deve-se reconhecer que os algoritmos são alimentados por dados procedentes dos humanos. Os algoritmos não inventam dados. Eles recebem dados. Mas como os dados chegam a eles? A primeira fase da IA responde por isso. Corresponde a uma etapa fundamental que precede a realização de análises e predições. É a fase do pré-processamento, a saber, um conjunto de atividades que envolvem preparação, organização e estruturação dos dados. Essa fase é de fundamental importância, pois se responsabiliza pela qualidade final dos dados que serão analisados, de modo que pode impactar no modelo de previsão que é gerado a partir dos dados. Alguns dos problemas que costumam ser encontrados nessa fase são, por exemplo, elencar atributos com valores faltantes, escalas diferentes para valores iguais etc.

Outra fase relevante, que depende dos humanos, consiste em se levar em conta a necessidade de transparência nos dados usados no treinamento do algoritmo e na arquitetura usada de rede neural profunda. Isso levanta a questão de como evitar ou pelo menos reduzir os vieses nos dados usados para treinar um algoritmo de IA.

Não é casual que as discussões sobre a ética da IA têm centrado sua atenção nos vieses dos dados usados para o treinamento do algoritmo. Grande parte dos erros probabilísticos são devidos a isso, o que coloca em pauta a questão de como evitar ou pelo menos reduzir os vieses nos dados usados para treinar um algoritmo de IA. Tanto é que isso se constitui em um dos pontos de atenção de governos e sociedade civil no mundo. Portanto, é inevitável a conclusão de que deve ser guardada sob controle humano a decisão final de um modelo de IA. Kaufman (2022b), uma das maiores especialistas nas interferências éticas da IA e conhecedora dos documentos internacionais de regulação da IA, fornece-nos uma preciosa síntese sobre a questão:

> Uma governança de IA alinhada ao conceito de *Responsible AI* não é um receituário, requer que cada empresa, órgão público e universidade defina seu modelo e, continuamente, o atualize em torno de atributos

técnicos – acurácia dos resultados, confiabilidade, robustez, resiliência de segurança –, atributos sociotécnicos – explicabilidade, interpretabilidade, privacidade, correção de viés –, e atributos de gestão – equidade, responsabilidade, transparência. A gestão do modelo de governança é atribuição de um Comitê de Ética, apto a analisar inclusive os riscos oriundos da opacidade intrínseca à técnica de redes neurais profundas, ou seja, como os algoritmos chegam ao *output* (resultado). A partir de uma análise abrangente, consubstanciada em conhecimento e evidências, cabe ao comitê definir qual o grau de risco que a instituição está disposta a correr, dando ou não seu consentimento à pesquisa e/ou ao projeto.

Ademais, muitos autores reclamam por uma ética embarcada, ou seja, a garantia do diálogo interdisciplinar em todas as fases de desenvolvimento de um modelo. Além disso, "embarcada" deve ser também entendida no sentido de raiz, quer dizer, conhecimentos éticos inseridos nas fases de formação educacional dos futuros especialistas em IA.

Delineados os processos humanos de aprendizado, de um lado (capítulo 6), e aqueles relativos à aprendizagem de máquina, de outro (neste capítulo), passaremos agora à prometida comparação entre ambos para que possamos, então, caminhar para um balanço final capaz de concluir se há ou não traços de inteligência da IA. E, havendo, como eles se caracterizam.

CAPÍTULO 8

OS PESOS NA BALANÇA DA INTELIGÊNCIA

Se a IA é inteligente ou não é uma pergunta que foi sendo ponderada ao longo dos capítulos precedentes e não deve ter sobrado muita dúvida de que, nos seus encaminhamentos, as respostas gradativamente dirigiram-se para a consideração de que, há, sim, inteligência na IA. O peso dessa consideração localiza-se nas definições de inteligência que os especialistas em IA têm buscado, com as quais têm trabalhado e que não partem da visão de que inteligência é uma exclusividade humana (capítulo 4). Essa visão inclusiva de inteligência sintoniza com a versão filosófica, lógica e científica de inteligência desenvolvida por C. S. Peirce (capítulo 5). À luz dessa versão, plantas exibem algum grau de inteligência. Se até mesmo uma rã decapitada raciocina, por que negar inteligência ao raciocínio estatístico-probabilístico agenciado nas camadas auto-organizadas das redes neurais? Justamente o raciocínio que é a habilidade inteligente que o humano é capaz de demonstrar no seu mais alto grau? Por que igualmente negar inteligência até mesmo às lógicas menos autônomas dos sistemas computacionais de símbolos movidos a regras que hoje não gozam do mesmo prestígio da AP? Para deixar de negar, contudo, é necessário abandonar a fantasia antropocêntrica e exclusivista da inteligência humana, o que não significa negar que esta é, de fato, a mais complexa forma de inteligência, justamente porque o ser humano é o animal que mais erra na biosfera e, por isso, deve compensar essa falha com o trunfo da criatividade transformadora.

143

Outra fantasia que é preciso desvestir concerne à mistura confusa entre inteligência e consciência. Os capítulos 2 e 3 buscaram penetrar no DNA da consciência, o que levou à conclusão de que a consciência não se reduz a categorias ou regras racionais, nem mesmo a sentimentos isolados e vagos, mas implica o fluxo e refluxo mental contínuo da vida vivida, aberta ao mundo e a ele respondendo não apenas no cérebro, mas em todas as suas ressonâncias corpóreas. Mais do que isso, essa interioridade intransferível e ininterrupta, aquilo que pertence à história de vida de cada um, na sua pessoalidade, está indissoluvelmente conectada à inteligência que, sem deixar de ser também pessoal, é coletiva, justo porque o humano é um animal que fala e, por isso, se constitui como ser social de raiz. Essa breve síntese já é capaz de evidenciar que, embora haja certos graus de inteligência nas máquinas, elas não apenas estão longe de competir com a inteligência humana, quanto também estão ainda muito mais longe da ambição de uma consciência.

O elenco das teorias da aprendizagem humana no capítulo 6 é eloquente quanto à pluralidade de aspectos exibido pelas faculdades envolvidas no aprendizado. De fato, a complexidade da inteligência humana é imensa e ilimitada justo porque é metabólica e inacabada. Mesmo quando reduzida àquilo que, neste livro, em prol do método comparativo, chamei de carro chefe da inteligência – a aprendizagem, no caso do humano, já se revela multifacetada e multidimensional. Não custa relembrar que a aprendizagem foi escolhida, antes de tudo, porque quanto mais complexa é a inteligência, tanto mais ela está em contínuo processo de aprendizagem. Em segundo lugar, porque é na aprendizagem que a inteligência das máquinas está se afirmando. Em razão disso, a primeira parte deste capítulo será dedicada à discussão de algumas evidências adicionais que municiam a sofisticação da aprendizagem humana para que se possa, então, proceder à comparação com os atributos da aprendizagem de máquina, uma maneira que me pareceu coerente de enxergar a ambas com seus devidos valores e em que medida a complementaridade é o valor que surge de suas junções.

CAPÍTULO 8. OS PESOS NA BALANÇA DA INTELIGÊNCIA

A precocidade da aprendizagem humana

O aprendizado que se estende por várias áreas é o que os humanos fazem o tempo todo (DOMINGOS, 2017, p. 225). Nós humanos somos os aprendizes campeões da natureza. Mais do que qualquer outra espécie, aprendemos rapidamente uma ampla gama de tópicos. Para Sejnowski (2019, p. 284), o humano preza a memória e, assim, acumula rapidamente mais conhecimento ao longo de inúmeras gerações. "Criamos uma tecnologia chamada de educação para aprimorar o quanto podemos aprender em nossas vidas. As crianças e os adolescentes passam seus anos de formação nas salas de aula e aprendem sobre coisas do mundo que nunca experimentaram diretamente". Embora a escrita e a leitura precisem de alguns anos para serem dominadas, elas permitem um maior acúmulo de conhecimento a ser passado para a próxima geração. A civilização moderna nasceu com elas e hoje são complementadas pela proliferação dos meios audiovisuais e pelos fluxos de informação nas redes, sendo impressionante como nós humanos nos aclimatamos às novas tecnologias (NG, 2018, p. 196). Mas não somos um computador que segue rotinas estabelecidas. Se a metáfora da máquina couber a nós, somos, na realidade, máquinas de aprender e isso se dá em áreas específicas do cérebro.

Embora não tomem a inteligência humana como modelo a ser imitado, nem seria possível no estado da arte atual da IA, os especialistas em IA demonstram grande interesse nas múltiplas modalidades do aprendizado humano. Esse interesse começa nas variegadas modalidades de aprendizagem exibidas pelos bebês, inclusive é nesse campo que os cientistas da IA com conhecimento em neurociência debruçam sua atenção.

Um bebê está imerso em um mundo de experiências sensoriais ricas e é intenso o ritmo com que aprende sobre ele. Aliás, as experiências significativas ligadas a sons já têm início no útero, uma forma de aprendizado que as máquinas nos ensinaram a chamar de aprendizado não supervisionado. A ciência mostra que os bebês são capazes de executar raciocínios lógicos a partir de um ano de idade. O ritmo de aprendizado é intenso porque muito do cérebro humano se desenvolve fora do útero. Uma cabeça muito grande teria dificuldade de passar pelo canal feminino do nascimento. Assim, muito do que acontece no cérebro nos primeiros meses de nascimento é muito mais geneticamente controlado do que dependente de aprendizado *per se*. Assim, desde bebês, os humanos são muito bons em abstrações (MARCUS, 2018, p. 311, 314).

Com dezoito meses, os bebês já fazem coisas notavelmente inteligentes, como uma compreensão com propósito geral flexível a respeito do mundo em que vivem e que não é o mesmo em que os adultos vivem. Eles têm uma inteligência flexível, propositada e gradativamente alimentada pelo senso comum. A partir de dois ou três meses, os bebês já compreendem certas coisas básicas acerca do mundo, como os objetos tridimensionais que, para eles, não entram e saem da existência, ou seja, eles atentam para a permanência dos objetos. Isso ocorre porque "nossos cérebros já nascem preparados para entender o mundo em termos de objetos físicos e em termos daquilo que chamamos de agentes intencionais". Em suma, os bebês já nascem com muito mais estrutura do que pensamos e seus mecanismos de aprendizado são sofisticados e espertos (TENEMBAUM, 2018, p. 465, 473).

É somente após essa base ser formada que a aquisição da linguagem começa, primeiro com o balbucio, então, com as palavras isoladas, e muito mais tarde com sequências sintaticamente corretas". Distinto do que Chomsky defendeu, "o que é inato não é a gramática, mas a capacidade de aprender a linguagem a partir da experiência de absorver as propriedades estatísticas de ordem superior das enunciações em um rico contexto cognitivo" (SEJNOWSKI, 2019, p. 269-270). Uma criança aprende novas palavras depois de apenas um exemplo da palavra usada em um contexto correto, seja uma palavra, um nome, que designa um objeto, seja um verbo que designa uma ação. Crianças aprendem sobretudo por ensaio e erro, um tipo potente de aprendizado não supervisionado. Aprendem com poucos dados e com molduras de compreensão e explicação. Não é de estranhar que, cada vez mais, os cientistas cognitivos expressem suas teorias sobre o aprendizado das crianças na forma de algoritmos (Domingos, 2017, p. 231).

CAPÍTULO 8. OS PESOS NA BALANÇA DA INTELIGÊNCIA

A aprendizagem dos bebês e das crianças interessa especialmente porque começa aí a possibilidade de comparação entre a aprendizagem humana e a aprendizagem algorítmica, comparação que está prenhe de relevância para este capítulo na sua proposta de colocar, por meio da aprendizagem, os pesos na balança da inteligência humana e da IA.

Os pesos na balança do humano

Como vemos e imaginamos as coisas que ainda não vimos? Como fazemos planos e resolvemos problemas no curso de tentativas para fazer essas coisas realmente existirem? E como a aprendizagem se refere a tomar esses modelos mentais que guiam nossas explicações, entendimento, planejamento e nossa imaginação para refiná-los, depurá-los e construir novos modelos? É por essas e outras razões que nossas mentes não se limitam a encontrar padrões em big data. Além disso, correlação e causação não são a mesma coisa e a primeira não implica a segunda. A IA precisa de muitos dados para extrair uma correlação, mas não tem acesso à estrutura causal subjacente ao mundo (TENENBAUM, 2018, p. 471, 474).

Nós, humanos, reusamos os conceitos. Produzimos compreensões e aplicações para as coisas. Tendo aprendido algo, transferimos essa aprendizagem por analogia. Também somos capazes de aprendizagem estatística ao processar dados, generalizar o padrão e aplicá-lo. Produzimos algo como uma tendência em nossas mentes e intuímos novas respostas ao aplicar a tendência. Podemos olhar para um padrão de valores e, quando é perguntado o que virá depois, intuitivamente vem a resposta. Uma das coisas que os humanos fazem extraordinariamente bem é conhecimento por transferência, ou seja, aprender algo aqui e, então, ser capaz de aplicar esse aprendizado em ambientes totalmente diferentes ou a problemas ainda não encontrados anteriormente (MANYIKA, 2018, p. 277).

A AP, embora chamada de "profunda", não aprende como os humanos, que o fazem a partir da experiência em tempo real. Podemos aprender a partir de poucos exemplos e generalizar. Ao contrário das máquinas, as pessoas, às vezes, são extremamente boas em predizer com poucos dados. Também somos bons em analogias, usando novas situações e identificando outras circunstâncias que são similares o suficiente para serem úteis em um novo cenário (AGRAWAL et al., 2018, p. 60). Ademais, não se sabe ainda como construir máquinas que tenham o senso comum que os humanos tomam como pressuposto. De fato, um dos problemas mais difíceis de serem resolvidos pela IA é o senso comum, algo tão visivelmente ausente em crianças de pouca idade e que surge lentamente na maioria dos adultos somente depois de uma prolongada experiência com o mundo até o ponto de tornarem-se exclusivos campeões em senso comum.

No que diz respeito ao cérebro humano, a comparação com o computador chega a ser injusta. Von Neumann já se perguntava como o cérebro pode funcionar de maneira confiável com componentes tão pouco confiáveis. "Quando um transistor comete um erro em um computador digital, todo o sistema pode falhar, mas, quando um neurônio falha, o restante do cérebro se adapta e continua a funcionar normalmente". Von Neumann achava que a redundância era a razão para a robustez do cérebro, já que muitos neurônios estão envolvidos em todas as operações. "Ela é comumente baseada em um *backup*, caso o sistema primário falhe. Mas agora sabemos que a redundância cerebral é baseada na diversidade, e não na duplicação". Von Neumann também estava preocupado com a profundidade lógica: quantos passos lógicos um cérebro segue antes que os erros acumulados corrompam os resultados? Diferentemente de um computador, que pode executar cada passo lógico perfeitamente, o cérebro tem muitas fontes de ruído e elas podem ocorrer simultaneamente . "Um cérebro pode não alcançar a perfeição; mas como muitos de seus neurônios trabalham juntos em paralelo, ele realiza muito mais a cada passo do que um computador e precisa de menos profundidade lógica" (SEJNOWSKI, 2019, p. 219).

Certamente, as comparações mais próximas entre o cérebro e o computador, este devidamente alimentado e acionado pela intervenção humana, encontram-se no conexionismo. Segundo Domingos (2017, p. 118), nos modelos conexionistas, todos os neurônios aprendem simultaneamente de acordo com a regra de Hebb. Definida com abuso

CAPÍTULO 8. OS PESOS NA BALANÇA DA INTELIGÊNCIA

na simplicidade, a regra de Hebb refere-se a alguns tipos de aprendizagem associativos nos quais a ativação simultânea de células leva a um crescimento pronunciado na força das sinapses neuronais (PAULSEN e SEJNOWSKI, 2000). Isso é indicativo das diferentes propriedades dos computadores e do cérebro. "Os computadores fazem tudo executando uma pequena etapa de cada vez, como quando somam dois números ou desligam um comutador, e o resultado é que precisam de muitas etapas para fazer algo útil; porém, essas etapas são muito rápidas, porque os transistores podem ser ativados e desativados bilhões de vezes por segundo". Se as máquinas ganham na rapidez, perdem na simultaneidade, pois "o cérebro executa um grande número de processamentos em paralelo, com bilhões de neurônios operando ao mesmo tempo, mas cada processamento ocorre de forma lenta, porque os neurônios são ativados, no máximo, mil vezes por segundo" (DOMINGOS, 2017, p. 118).

Considere-se, no entanto, que o número de transistores de um computador está se aproximando do número de neurônios de um cérebro humano, mas o cérebro tem um número maior de conexões. "Em um microprocessador, um transistor típico fica conectado diretamente a uma quantidade pequena de outros transistores, e a tecnologia de semicondutor planar limita severamente a melhoria do desempenho do computador. Por outro lado, um neurônio tem milhares de sinapses" (ibid., p. 118).

Contudo, é preciso acrescentar que é possível simular um cérebro com um computador. "Particularmente o computador pode usar a velocidade para compensar a falta de conectividade, empregando a mesma conexão mil vezes para simular mil conexões". De acordo com Domingos (ibid., p. 118), a principal limitação atual dos computadores em comparação com o cérebro localiza-se no consumo de energia: o cérebro usa a mesma quantidade de energia que uma lâmpada pequena, enquanto o Watson consome uma quantidade inestimável de tecnologia. Quanto a isso, todavia, falta ainda levar em conta um fator bastante relevante. O Watson dá acesso a milhares de consultas, enquanto o cérebro humano, na sua singularidade, só pode alcançar um espectro muito pequeno de pessoas. Se não fosse a escrita e hoje o computador com seu potencial comunicativo planetário, a mente humana teria ficado restrita à transmissão de seu conhecimento nos ambientes de suas vizinhanças.

Os pesos na balança dos algoritmos

O primeiro peso a ser colocado na balança das máquinas é o da memória. O computador não esquece. Nossas memórias estão longe de ser otimizadas tanto em termos teóricos quanto na sua capacidade e estabilidade daquilo que é registrado. Lembremos do lago sem fundo, a metáfora da consciência para Peirce (capítulo 3) para retomar o fato, que é por nós vivenciado sem surpresas, de que nossa memória tende a se borrar com o tempo. A memória do computador, por outro lado, é localizável. Isso significa que, para qualquer simples locação na memória, haverá uma função particular estável. De acordo com Marcus (2018, p. 307), pode-se, inclusive, construir híbridos. "O Google é um híbrido. Tem uma memória localizável subjacente e uma memória endereçável por pista, ou seja, aquilo que se tem no topo".

Além disso, o computador tem índices que funcionam como um conjunto de caixas de correio e o que é colocado em cada caixa permanece lá indefinidamente. O cérebro, ao contrário, não tem um sistema interno de endereçamento para se saber onde as memórias individuais estão armazenadas. Os avanços da neurociência ainda não foram suficientes para indicar com acurácia onde a memória está armazenada em nossos cérebros. Um dos problemas para isso encontra-se justamente na questão de que nossa memória tende à opacidade. De resto, isso fica bastante patente no caso das testemunhas oculares para evidenciar quão cedo a memória pode se tornar confusa (ibid., p. 308).

Também não custa repetir que o aprendizado é uma parte importante da IA. É o que a faz imitar um nível de inteligência parecido com o dos humanos. Aliás, hoje, a AM exibe um nível de aprendizado quase humano em tarefas específicas, como a classificação de imagens ou o processamento de sons, e ela está se esforçando para alcançar um nível similar em muitas outras tarefas. Mas a AM não é totalmente

CAPÍTULO 8. OS PESOS NA BALANÇA DA INTELIGÊNCIA

automatizada. Não se pode esperar que o computador leia um livro e entenda o que lê, pois isso seria projetar sobre ele o espelho do humano. Portanto, diferente da aprendizagem humana, a automação depende de um número muito grande de dados selecionados por humanos, bem como depende da análise de dados e treinamento que se colocam igualmente sob supervisão humana. "É como pegar uma criança pelas mãos e ensinar-lhe os primeiros passos" (MUELLER e MASSARON, 2020, p. 131-132).

Voltando ao Watson, por exemplo, ele responde a perguntas e faz recomendações baseadas em mais dados do que qualquer ser humano poderia saber. Todavia, tal como ocorre com outros programas de AM, ainda é preciso fazer as perguntas e escolher entre as recomendações (SEJNOWSKI, 2019, p. 188). Podemos usar a IA para extrair conhecimento a partir de dados, mas "primeiro temos de encher a bomba". Aprender é esquecer os detalhes e, ao mesmo tempo, lembrar as partes importantes. "Os computadores são esse tipo de sábio idiota: podem se lembrar de tudo, mas não é isso que queremos que façam" (DOMINGOS, 2017, p. 63, 87, 95). O mais surpreendente é que os computadores aprendem habilidades que as pessoas não podem escrever. "Sabemos dirigir um carro, mas não sabemos explicar para um computador como executar essa ação. No entanto, se fornecermos ao aprendiz um número suficiente de exemplos dessa tarefa, ele aprenderá facilmente como executá-las; neste ponto, podemos deixá-lo por conta própria." (ibid. p. 29-30).

Há um subcampo da AM totalmente dedicado a algoritmos que fazem explorações por conta própria, a saber, se fixam em algo, "reagem quando há recompensa e descobrem como obtê-la de novo no futuro, de forma muito parecida a bebês engatinhando e colocando coisas na boca" (DOMINGOS, 2017, p. 246). No tempo necessário para um humano encontrar um padrão, um computador pode encontrar milhões. Na AM, a maior vantagem do computador, portanto, encontra-se na habilidade de processar grandes quantidades de dados. Para isso, são estatísticos fortes, enquanto os humanos são estatísticos fracos, mesmo em situações em que não sejam tão ruins em avaliar probabilidades (AGRAWAL et al., 2018, p. 55). Uma curiosa conclusão pode ser extraída disso: enquanto os humanos são aprendizes campeões, quem ganha o campeonato estatístico são as máquinas. Mas quando se aponta para essa fortaleza, não é possível deixar de lado as fragilidades da inteligência algorítmica.

Dos pesos às fragilidades

Apontar para as fragilidades da IA costuma funcionar como uma maneira de levar as pessoas a uma espécie de celebração do orgulho antropocêntrico exclusivista. Paradoxalmente, de um lado, celebra-se o poder da inteligência humana frente às fraquezas da IA. De outro lado, surgem as críticas enfezadas contra o poder soberano dos algoritmos que atuam nos monitoramentos invisíveis das redes sociais. Tanto a um quanto ao outro lado desse pêndulo, fica em falta a sobriedade. No primeiro caso, porque nunca tanto quanto agora foi tão necessário o desenvolvimento de noções sobre a inteligência compartilhada entre os seres da biosfera para o enfrentamento das ameaças contra a vida. No segundo caso, demonizar os algoritmos como se fossem senhores autônomos dos malefícios da desinformação é uma maneira de isentar os humanos, tanto da responsabilidade pessoal que lhes cabe quanto da responsabilidade coletiva para a regulamentação da IA. Portanto, para equilibrar os pesos, não parece haver caminho melhor do que lançar mão dos equipamentos mentais e empíricos da pesquisa que possam dar sustento à temperança dos julgamentos.

Assim, uma das primeiras mistificações a tirar do caminho encontra-se nas equivocadas interpretações acerca da IA. Por exemplo, quando pensamos no adjetivo "profunda" alocado junto à aprendizagem, podemos cair no equívoco de concluir que ela é profunda em um sentido filosófico. Longe disso, ela é profunda porque há muitas camadas em uma rede neural. Portanto, igualmente, não significa que a AP é mais inteligente no sentido de ser uma pensadora mais profunda do que os outros sistemas de IA e de aprendizagem com os quais compete. Isso não nega que ela funciona bem porque tem mais flexibilidade matemática. A AP é tremendamente boa para certas tarefas, especialmente

CAPÍTULO 8. OS PESOS NA BALANÇA DA INTELIGÊNCIA

aquelas que se ajustam ao seu processamento de ponta a ponta. Basta um sinal de entrada e se tem uma resposta no final. Mas ela é limitada aos dados que recebe.

Possível fonte de equívoco também se dá quando nos deparamos com as traduções automáticas. Elas, de fato, trabalham muito bem com linguagens literais, porque receberam um grande número de exemplos desse tipo de texto. Entretanto, apresentam enorme dificuldade para se sair perfeitamente bem quando o tipo de linguagem é aliterado, como é frequente na linguagem poética que vemos em romances e escritas que atuam no nível do significante e dos jogos de palavras em prol da ambiguidade. Embora os resultados tradutórios nos encantem, segundo Ferrucci (2018, p. 409), a verdade é que os sistemas de reconhecimento de linguagem hoje não fazem outra coisa a não ser combinação de textos ao olhar para ocorrências estatísticas das palavras e frases. Não desenvolvem uma representação lógica nivelada da lógica complexa que preside à língua.

Se é certo que o cérebro humano tem suas falhas, há algumas funções que ele desempenha muito bem, como a capacidade de aprender por abstração. Isso foge ao poder da AP, que precisa processar enorme quantidade de dados para reconhecê-los. A AP tem dificuldades quanto a inferências abertas e não exibe pensamento conceitual, por isso não consegue compreender conceitos como democracia, justiça, felicidade etc. Seu senso comum está perto do zero, sendo incapaz de reconhecer quando uma pergunta é ridícula. Não é capaz de aprendizagem de transferência. Também não dispõe de bom senso, abstração, curiosidade e detecção de relações causais, não apenas correlações. Mesmo que seja ajudada com informações anteriores, seu conhecimento prévio é ainda limitado, além de que só pode resolver um problema de cada vez.

As máquinas atuais só têm conhecimento e informação dentro de domínios específicos. Os especialistas reconhecem que a IA é ainda muito estreita, com habilidades especializadas e voltada para tarefas específicas, focada em reconhecimento de padrões com dados rotulados. Tomemos um exemplo elementar, um robô que limpa a casa, ou um robô falante que responde sobre restaurantes ou viagens ou ainda uma assistente pessoal como a Alexa. Trata-se de uma inteligência individualizada à qual falta qualquer flexibilidade do movimento de um domínio ao outro, do presente ao futuro. Em suma, a IA funciona porque realiza tarefas específicas, com resultados específicos. Está longe de uma IA avançada que implicaria uma inteligência contextualizada, situacionalmente alerta, nuançada, multifacetada e multidimensional, como os humanos possuem, e sem precisar de big data, nem de dados supervisionados, aprendizagem por reforço, aprendizado virtual e vários tipos de aprendizado (LI, 2018, p. 153). Consequentemente, a IA se livra da enorme quantidade de vicissitudes que rodeiam o humano quando se põe a realizar uma tarefa, inclusive a vicissitude da fadiga ou, pior do que isso, a vicissitude magna dos vieses em suas representações da vida e da realidade. De resto, esse é o grande problema que cerca a ética da IA. Ela é inseparável da interferência humana.

Grosz (2018, p. 344) lembra com propriedade que sistemas de IA só são bons quando passam pela salvaguarda ética dos humanos. Os dados vêm das pessoas, os sistemas de AP são treinados por pessoas e eles funcionam bem se houver pessoas no ciclo corrigindo o sistema quando algo vai errado. "De um lado, a AP é muito poderosa e ajudou no desenvolvimento de uma série de coisas fantásticas. Mas ela não é a resposta para todas as questões da IA". Voltando ao grande gargalo da IA, ela não tem qualquer utilidade no que toca ao senso comum. Por outro lado, "o que é necessário não é a quantidade de dados, mas a sua diversidade" (ibid.). Ademais, o que preocupa a todos é o fato de que um modelo de AP pode ter milhões de parâmetros que envolvem muitas camadas ocultas. Ter uma compreensão clara disso está realmente além das capacidades de uma pessoa. Aí se encontra explicitada a grande contradição: trata-se de uma forma de inteligência que começa a adquirir autonomia, sem que seja capaz de explicar seu próprio raciocínio (FERRUCCI, 2018, p. 413).

Nem por isso, a AP continua sendo primorosa em análises preditivas, apesar de que não deixa de ser difícil encontrar as variáveis certas com o poder preditivo ideal. Na verdade, os modelos de AP são basicamente incapazes de lidar com a complexidade de recursos para certos eventos, em especial aqueles que apresentam características de

CAPÍTULO 8. OS PESOS NA BALANÇA DA INTELIGÊNCIA

caos. É sempre um desafio selecionar o modelo certo e ajustá-lo. Qual deve ser o número de camadas ocultas? Como se avalia o modelo?. Apesar de todas essas limitações, a AP é ainda poderosa (TAULLI, 2020, p. 114-118).

Todavia, uma visão parcial voltada tão só e apenas para as limitações da IA é justamente o que tem alimentado as negações de que possa haver inteligência na IA, negações que muitas vezes procedem dos próprios especialistas em IA, cujo entendimento está centrado nos algoritmos em detrimento de um conhecimento mais seguro do que é a inteligência e do modo como ela funciona.

Similaridades entre aprendizes

Sem minimizar todas as diferenças entre a inteligência humana e a IA, é preciso reconhecer que, por se tratar de máquinas de aprendizagem, elas compartilham com os humanos vários modos de aprender. O capítulo 7 foi eloquente nas demonstrações de que as redes neurais são capazes de aprender. Para isso, realizam mudanças adaptativas nos pesos e, às vezes, também nas conexões e a aprendizagem modifica os pesos. Aprendem de diversas maneiras: aprendizagem supervisionada, não supervisionada, por reforço e semissupervisionada. Embora já discutidas no capítulo 7, elas retornam aqui, mesmo que de maneira muito breve, porque compartilham modos de aprendizado que são também humanos. Antes disso, vale a pena mencionar que a comparação entre as formas de aprendizado das máquinas e do humano sempre estiveram nas preocupação dos pesquisadores desde que a IA despontou como campo de conhecimento. Quanto a isso, Boden nos fornece um bom exemplo.

Já em 1977, em seu antológico livro sobre *Artificial intelligence and natural man*, ela buscava as comparações entre os modos como humanos e máquinas aprendem. Para Boden (p. 247-249), há três modos de geração de novos pensamentos: aprendizado, criatividade e solução de problemas. Os três não estão separados em gavetas. Assim, o aprendizado geral pode derivar de experiências específicas e pode envolver pensamento criativo. Do mesmo modo, a construção espontânea de novas representações pode ser instigada por uma necessidade particular ou problema, e pode ser auxiliada por pistas ambientais. Resolver um problema específico pode requerer criatividade e levar a um conhecimento geral.

A seguir, a autora se dedica à explanação de cada um dos três tipos de aprendizado por ela estudados: aprendizado por exemplos, aprender por ouvir falar e aprender fazendo. Os três trazem respectivamente novo conhecimento de pistas e modelos, novos conhecimentos sobre fatos, e novas habilidades. Por vezes, o aprendizado ocorre quando se aceita uma nova informação, integrando-a em uma estrutura prévia. Outras vezes trata-se da reorganização da informação que já está na mente. É difícil dizer se um tipo de aprendizagem é superior ao outro. De todo modo, aprender por meio de exemplos é a forma de aprendizagem que tanto humanos quanto máquinas realizam. Tudo depende de um gradual aperfeiçoamento das representações do mundo que é instigado pelo treinamento das sequências mais bem estruturadas de modos particulares (BODEN, 1977, p. 264). Portanto, aprender por meio de exemplos não significa apreender diretamente a realidade, distorcida por um atividade interpretativa intermediária. No caso dos humanos, envolve o discernimento no desenvolvimento de descrições, ou esquemas interpretativos representando o domínio alvo, esquemas que, de resto, são constantemente checados por referência a exemplos ou contraexemplos de modo que pistas salientes possam ser identificadas.

Quanto à aprendizagem apenas por ter ouvido falar, tanto na máquina quanto no humano, a aprendizagem deve ser capaz de tolerar critérios epistemológicos vagos, tanto quanto ter uma memória ricamente equipada e uma poderosa competência inferencial (ou seja, resolução de problemas) em termos de ler nas entrelinhas. Isso implica fazer algo, isto é, pensar, uma atividade que hoje não se pode negar que a máquina realiza, até certo ponto e guardadas as devidas proporções. O aprender fazendo é mais comumente entendido como aprender a fazer algo ao tentar fazê-lo, ou aprender a fazer melhor por meio da prática repetitiva em que as máquinas são mestras (ibid., p. 278).

CAPÍTULO 8. OS PESOS NA BALANÇA DA INTELIGÊNCIA

Quarenta e cinco anos transcorridos, desde essa publicação de Boden, muitas águas rolaram no campo da IA até chegarmos ao sucesso específico, de uns anos para cá, da AM e, em especial, da AP. No estado da arte em que o campo se encontra, as formas de aprendizagem em uso estão devidamente estratificadas. Assim, o que nos interessa agora não é retornar ao que já foi explicitado no capítulo 7, mas, sim, indicar que as formas de AM não são desconhecidas dos processos de aprendizagem humanos.

Assim, o aprendizado supervisionado é bastante semelhante ao aprendizado humano que se dá com a supervisão de um professor. O professor apresenta alguns exemplos específicos para que o aluno memorize, e o aluno, então, deriva regras gerais a partir deles. Mas, as aprendizagens humana e animal são, em grande parte, não supervisionadas: descobrimos a estrutura do mundo observando-o, não porque nos dizem o nome de cada objeto. Essa aprendizagem encontra-se nos métodos usados pelos humanos para determinar que certos objetos ou eventos pertencem à mesma classe e como isso se dá quando se observa o grau de similaridade entre eles (MUELLER e MASSARON, 2020, p. 128).

O aprendizado por reforço é bastante conhecido, já que se constitui em uma corrente de estudos psicológicos, o behaviorismo, utilizado tanto na pesquisa quanto na prática terapêutica e educativa. A explicação que nos é dada por Sejnowski (2019, p. 172) sobre essa forma de aprender é tão sugestiva que merece ser mencionada aqui. O autor dá o exemplo do aprendizado por reforço no paralelo entre a forma como os pássaros aprendem a cantar e as crianças, a falar. Em ambos os casos, há um período inicial de aprendizado auditivo que antecipa um posterior de aprendizado motor progressivo. Sejnowski demonstra a sua tese com os pássaros tentilhões-zebra que ouvem a canção do seu pai assim que nascem, mas não produzem sons próprios até meses depois. "Mesmo quando estão isolados de seu pai, antes da fase de aprendizado motor, eles passam por um período de experimentação de sons que continua se aprimorando e acaba cristalizando o canto do pássaro no dialeto de seu pai". Os tentilhões-zebra sabem a que parte da floresta um membro pertence apenas ouvindo o seu canto, assim como sabemos de onde uma pessoa é pelo sotaque. A hipótese que tem conduzido a pesquisa sobre o canto dos pássaros é a de que, durante a fase de aprendizado auditivo, um modelo é aprendido e, então, ele é usado para refinar os sons produzidos pelo sistema motor na fase subsequente. Tanto nos humanos quanto nas aves canoras, "os caminhos responsáveis pela fase de aprendizado estão nos gânglios basais, onde, sabemos, o aprendizado por reforço ocorre" (ibid.).

Imaginação, criatividade e emoções

Pesos comparativos na balança da inteligência humana e da IA acabam, via de regra, por desembocar nos temas da imaginação, criatividade e emoções, que funcionam como fronteiras de defesa dos limites que diferenciam a inteligência humana da IA e que, conforme se defende, esta última jamais será capaz de ultrapassar.

A imaginação é um território de estudo que tem acompanhado a filosofia, a antropologia, a psicologia, a semiótica cognitiva e os estudos literários. Embora tenha uma ligação com a palavra imagem, os termos imaginação ou imaginário estão sempre mais atados ao domínio das imagens mentais. É assim que os conceitos de imaginação ou imaginário aparecem nas teorias dos autores que mais se notabilizaram sobre o tema, como Sartre ([1940] 1978), que a concebeu como ato intencional da consciência. Na celebrada obra *Estruturas antropológicas do imaginário*, Gilbert Durand (2002) também privilegia o imaginário como uma das faculdades mentais do ser humano. Para ele, todo pensamento repousa em imagens gerais, os arquétipos, que funcionam como determinações inconscientes do pensamento.

Outro autor que se notabilizou pela construção de uma teoria do imaginário social, no campo da sociologia, foi Cornelius Castoriadis (1975). Para ele, o imaginário é a chave para se pensar os fenômenos coletivos. As sociedades se caracterizam como um conjunto de significações sociais imaginárias que se corporificam em instituições nas quais essas significações ganham vida externa. Bastam esses exemplos para se perceber uma tendência marcada de se considerar o imaginário

CAPÍTULO 8. OS PESOS NA BALANÇA DA INTELIGÊNCIA

como uma faculdade que provém do interior da mente humana. Isso se constitui em um ponto convergente, não obstante as diferenças teóricas entre os autores.

Assim consideradas, as máquinas estão, de fato, muito longe da possibilidade de competir no quesito da imaginação de que os humanos tanto se orgulham. Não é para menos que Pearl (2018, p. 367), especialista em IA, coloca a imaginação no rol das evidentes limitações da IA, na qual não é possível pensar em algo que não foi visto antes, no sentido de ver, intervir e imaginar. "Imaginar é o nível de topo que requer raciocínio contrafactual: como o trabalho seria se fosse feito de outra maneira? São cenários imaginários, um jogo de fingimento criativo". Frente a esse limite, a autora defende a necessidade de construção de novos modelos do mundo. "Imaginar um mundo que não existe e que nos dá a habilidade de chegar a novas teorias e também de reparar nossas velhas ações de modo a assumir a responsabilidade, arrependimento e vontade livre. Mundos que não existem, mas que poderiam existir". Transpondo para a IA, entender essa lógica significa sermos capazes de construir "máquinas que podem imaginar coisas, que assumam a responsabilidade, que entendam ética e compaixão. Não sou uma futurista e tento não falar sobre coisas que não entendo. Mas entendo o quão importantes são os contra fatos em todas as tarefas cognitivas que poderiam ser implementadas em um computador". Para completar, a autora declara que tem alguns rascunhos de como programar vontade livre, ética, moralidade e responsabilidade em uma máquina. Esse seria, sem dúvida, um caminho ideal. Fiquemos, portanto, à espera.

A criatividade é a segunda barreira interposta entre humanos e máquinas. A literatura sobre criatividade humana é imensurável e, portanto, neste momento, para nós, inalcançável. Felizmente, o que nos interessa é a relação que se interpõe entre nós humanos e as máquinas. Já em 1977, Boden dedicou quase cem páginas do seu livro ao tema da criatividade no contexto da IA, limitada então ao estado da arte em que se encontrava naquele período. A autora retornou ao tema em 2020 (p. 77-78), ao discutir três tipos de criatividade humana: combinatorial (ideias conhecidas combinadas de modo não usual, produzindo

159

uma surpresa estatística), exploratória (exploração de um modo de pensar valorizado culturalmente), transformacional (geração de novas estruturas).

Com a intenção de colocar em relevo a criatividade humana frente às máquinas, para Aoun (2017, p. 48-50), pensar criativamente é pensar de modo divergente, a divergência sendo definida como a geração criativa de múltiplas respostas em um fluxo livre de ideias. Há, contudo, alguns pontos comuns entre pensamentos convergentes e divergentes, a saber, ambos requerem a habilidade de acessar e elaborar. Mas os divergentes requerem criatividade, esta, por sua vez, definida como "uma sensibilidade para as nuances mutáveis de um problema, uma facilidade para reformatá-lo conforme as demandas das circunstâncias e, por fim, a habilidade para gerar um resultado ou resolução que contém elementos que não estavam lá no início".

Para o autor, já estão surgindo modelos de IA capazes de escrever textos. Contudo, neles, não se manifesta o pensamento divergente, pois, para este, ainda é necessário o cérebro humano. Apesar disso, é preciso considerar que manter-se na visão de que o domínio dos fatos e do conhecimento é aquilo que faz uma pessoa inteligente ou preparada não passa de uma visão desproporcional da inteligência humana, sobretudo no momento presente, em que robôs, máquinas avançadas e a IA em geral estão crescentemente dominando fatos e conhecimento tão efetivamente quanto os humanos.

Mesmo quando se considera o pensamento crítico na análise competente de ideias que ele é capaz de fazer e de aplicá-las de modo frutífero, deve-se considerar que as máquinas estão certamente aperfeiçoando suas capacidades a esse respeito. Observar, analisar e comunicar são poderes que estão avançando nas máquinas, mas, por enquanto, elas ainda não dispõem da habilidade de síntese e de imaginação. Embora as máquinas sejam melhores do que os humanos "no uso de *inputs* de dados para resolver um problema específico – vencer um jogo de xadrez, organizar uma cadeia global de suprimentos, encontrar para você um par para um sábado à noite – elas não são tão impressionantes quando se trata de pensamento não quantificável" (ibid., p. 62).

CAPÍTULO 8. OS PESOS NA BALANÇA DA INTELIGÊNCIA

As máquinas são adeptas ao entendimento de elementos em sistemas complexos e aos modos como suas variáveis se entremeiam, mas elas são menos habilidosas em compreender como aplicar essa informação em contextos diferentes. Para demonstrar isso, Aoun discute o exemplo de uma máquina dotada do potencial para "modelar o impacto da mudança climática em uma área costeira, acessando a temperatura da água, a poluição, as correntes, os padrões da água, e um conjunto de fatores entrelaçados". Ao acessar todos esses dados, essa máquina pode chegar a conclusões sobre como aperfeiçoar a arquitetura ao redor e combater a erosão. Mas essa mesma máquina não seria capaz de imaginar como implantar os dados em campos diferentes como economia, lei ou ciências da saúde. Como conclusão, "os computadores podem ser programados para pensar através de uma variedade de silos, o que os habilita a se engajar em sistemas de pensamento de um certo tipo, mas os grandes saltos criativos que ocorrem nos humanos são ainda inalcançáveis para as máquinas" (AOUN, 2017, p. 65).

Por fim, território carregado de ambiguidades provindas de sua complexidade é aquele das emoções. As máquinas são sencientes? São capazes de sentir? Quando os robôs falantes e não falantes adivinham nossos pensamentos e respondem a eles com cordialidade e aparente cuidado, não estão sentindo? Nossas expressões faciais são uma janela para os estado emocional do nosso cérebro. Quando a AP consegue ver através dessa janela, a máquina não está sentindo?

A discussão sobre a emoção no humano e pretensamente nas máquinas foi iniciada nas conclusões do capítulo 3, relativo à consciência à luz de C. S. Peirce, cujos desenvolvimentos anteciparam muitas das pesquisas atuais sobre o cérebro. Complementado no capítulo 5, que também versa, no caso, sobre o conceito peirciano de inteligência coetâneo às definições que os cientistas da IA estão buscando de inteligência, o que deve ter se tornado claro é que, embora consciência e inteligência sejam irredutíveis, ambas são inseparáveis. "O que em mim sente, está pensado", é a famosa afirmação de Fernando Pessoa que agora ecoa nas conclusões neurocientíficas sobre emoção e cognição.

De acordo com Sejnowski (2019, p. 195), tradicionalmente, a cognição e a emoção eram tratadas como funções separadas do cérebro.

Em geral, pensava-se que a cognição era uma função cortical, e as emoções, subcorticais. "Na verdade, existem estruturas subcorticais que regulam os estados emocionais como a amígdala, que exerce uma função biológica quando os níveis emocionais estão elevados, especialmente o medo; mas essas estruturas interagem fortemente com o córtex cerebral". Assim, "o engajamento da amígdala na interação social, por exemplo, levará a uma lembrança mais forte do evento". Disso se conclui não só que "a cognição e a as emoções estão interligadas", mas também se torna possível avaliar o papel que a emoção desempenha no funcionamento da mente como um todo, em especial na memorização.

Pearl (2018, p. 371) nos informa que temos flutuações químicas no nosso corpo e elas têm propósito. A máquina química interfere e, por vezes, supera a máquina raciocinante diante de urgências. Assim, as emoções são apenas uma máquina química de ajustamento de prioridades". Ademais, nossa inteligência é coordenada ao sistema nervoso central, ao sistema visual motor e a modalidades de cognição que implicam planejamento, raciocínio, emoções, intenção e persistência. Nada disso é visto em nenhum lugar nos sistemas de IA (LI, 2018, p. 149).

Alguns anos atrás, cientistas da computação e mesmo filósofos e psicólogos, quando discutiam a inteligência, não a pensavam como algo que exige emoção. Entretanto, mais recentemente, começaram a surgir pesquisadores que buscam pensar a mente como um todo, o que não pode deixar de incluir a emoção (BODEN, 2020, p. 107). A ambição dos cientistas é modelar e simular estados de espírito e emoções. Mesmo que o façam, ainda faltam hormônios e neuromoduladores aos algoritmos. Mais do que isso, mesmo que a ambição da modelagem de hormônios e neuromoduladores seja alcançada, ainda assim, faltará ao algoritmo estar atuando em um corpo vivo, situado em um ambiente dinâmico e ativamente engajado nele. O ambiente e o engajamento são tanto físicos quanto socioculturais. Nesse contexto, as propriedades psicológicas fundamentais não são o raciocínio ou o pensamento, mas a adaptação e a comunicação (ibid., p. 187).

Balanço final

As considerações que foram selecionadas para figurar neste balanço final já foram, até certo ponto, tratadas em Santaella (2002, p. 256-265). Com algumas modificações, elas aqui retornam por seu poder de síntese. Não é apenas costume negar, mas também afirmar a existência de algum nível de inteligência na IA. Este livro adotou a segunda hipótese e trabalhou para defendê-la. De fato, a IA é inteligente porque o computador adquiriu o potencial de aprender e tomar decisões com base nas informações que recebe. Contudo, somos levados a concordar com Cremer e Kasparov (2021) que isso não significa que "esse tipo de inteligência deixe de ser decididamente diferente da nossa. Trata-se de um tipo de inteligência extremamente útil em um ambiente organizacional", dado que "a IA tem a qualidade de identificar padrões informacionais que otimizam tendências relevantes para o trabalho." Ademais, ao contrário dos humanos, a IA não sente fadiga, sono, nem procrastina. Por outro lado, contudo, as habilidades humanas ganham em expansividade, pois, enquanto a IA só responde aos dados disponíveis, "os humanos têm a capacidade de imaginar, antecipar, sentir e julgar situações de mudança, o que lhes permite mudar de preocupações de curto prazo para longo prazo". A inteligência humana também não exige um fluxo constante de dados externos para funcionar.

Infelizmente, quando se referem à aprendizagem de máquina, as pessoas imaginam que a máquina aprende tal como os humanos aprendem. Mas esses termos significam coisas bem diferentes no contexto técnico. É verdade que é extraordinário o que a aprendizagem de máquina pode fazer. É um processo que começa com milhares de pontos de dados rotulados e o sistema pretende apreender um padrão nos dados ou fazer uma previsão baseada nos dados. "Esses sistemas fazem melhor do que os humanos porque podem assimilar e correlacionar muitos pontos de dados bem mais do que os humanos." Mas quando o sistema aprende que há um gato, por exemplo, em uma fotografia, "o que ele está realmente fazendo é dizer que os pixels que formam essa figura, que os humanos rotularam como gato na foto, é igual a outras figuras que os humanos rotularam como imagens de gatos." Mas o sistema não tem a mais vaga ideia do que um gato representa (RUS, 2018, p. 263).

Conforme foi discutido mais acima, no seu livro sobre *Artificial intelligence and natural man*, Boden (1977, p. 247-389) apresenta várias formas de aprendizagem. Se considerarmos o estágio de desenvolvimento em que a IA se encontra hoje, algumas formas são comuns entre IA e humanos, mas outras funcionam como gargalos para a IA. Por exemplo, a aprendizagem a partir de exemplos nos humanos envolve discernimento e desenvolvimento de descrições, ou esquemas interpretativos, já na aprendizagem de máquina a habilidade de aprender por meio de um número muito grande de exemplos constitui-se em seu grande trunfo. A habilidade humana de aprender fazendo, entretanto, que está na base da prática que leva à repetição e ao aperfeiçoamento cada vez maior dessa prática, apresenta princípios que a *black box* da aprendizagem profunda deve também levar a cabo, embora não se possa afirmar isso com certeza, dado o fato de que não se tem a apreensão clara dos movimentos lógicos que são processados nas camadas das redes neuronais. Mas, entre os grandes gargalos da IA, que são apontados pelos especialistas, encontra-se a capacidade de abstração humana que está na base, entre outros, do raciocínio diagramático, movido pela imaginação lógica do pensamento icônico.

Os pesos na balança da inteligência humana e da IA, que foram postos em confronto neste capítulo, revelam que se trata de dois tipos distintos de inteligência. Para Etzioni (2018, p. 497), a humana está focada em "construir um modelo que é possível inspecionar, debater, explicar e aperfeiçoar. Sem poder explicar seu raciocínio, por seu lado, a maquínica nos diz: confie porque estamos mais frequentemente certas do que erradas". São muitas ainda as limitações da IA e todos os confrontos entre a IA e a humana não são inócuos, mas fundamentais para que cessem, pelo menos por enquanto, os temores equivocados de que a IA está devorando a inteligência humana, justo porque, quando a inteligência humana e a artificial são colocadas em confronto, surge um paradoxo: o que é difícil para o humano, a IA faz, o que é difícil para a IA, o humano faz. Na realidade, por serem dois tipos distintos de inteligência, por mais que a inteligência humana possa ou não nos

CAPÍTULO 8. OS PESOS NA BALANÇA DA INTELIGÊNCIA

orgulhar, isso não permite que se negue a potencialidade cognitiva e a expressão da inteligência na IA. Evidentemente, há características e propriedades que funcionam como entraves para que ambas possam se igualar.

Os sistemas maquínicos não têm propósitos internos próprios (TENENBAUM, 2018, p. 484). Esse é o estado da arte atual de pesquisas que estão em desenvolvimento, mas isso não justifica que as pessoas alardeiem ladainhas de hipervalorização da inteligência humana em detrimento das máquinas, pois, na ciência, o que não é possível hoje, poderia ser possível em algum dia futuro, contanto que se leve em conta a trava da ética. Parece sóbrio concluir com Lecun (2018, p. 133) que os sistemas de IA irão amplificar a inteligência humana do mesmo modo que as máquinas mecânicas foram uma amplificação da força física. Não serão uma substituição. "Não é porque uma IA é capaz de reconhecer a imagem de um tumor que os radiologistas serão dispensados de seu trabalho. Será um emprego muito diferente, e muito mais interessante. Farão algo mais interessante como dialogar com os pacientes em lugar de ficar vendo telas oito horas por dia".

Munição esperançosa vem de Grosz (2018, p. 339) ao declarar que sistemas de IA bons para a humanidade são aqueles que não desejam substituir os humanos, ou construir uma IA geral. Como sabemos que a inteligência humana depende da interação social, que a capacidade de linguagem depende da sociabilidade e que as atividades humanas em muitas situações são colaborativas, é recomendável que o propósito deva ser "a construção de um sistema que seja um bom companheiro em um time e que trabalhe tão bem com os humanos a ponto de não ser possível reconhecer que esse sistema não é humano". Quer dizer, não se trata de sermos enganados com a ideia de que um *notebook*, um robô ou um celular são seres humanos, mas que não fiquemos nos perguntando por que ele fez isso, quando ele erra de um modo diferente do humano.

Em suma, "devemos prever um futuro em que sistemas computacionais terão habilidades complementares às humanas (ibid., p. 340), pois, segundo Cremer e Kasparov (2021), "quando postas para trabalhar juntas, ambas as inteligências são complementares, passando a se chamar 'inteligência aumentada', um tipo de inteligência colaborativa, quando envolve um esforço colaborativo a serviço dos humanos", ou seja, um tipo de colaboração em que tecnologia e humanos andam de mãos dadas (MUELLER e MASSARON, 2020, p. 207). Domingos (2017, p. 69) junta-se ao coro, quando afirma que "o futuro pertence àqueles que souberem, em um nível muito profundo, como combinar sua área de especialização com o que o algoritmo faz melhor". Infelizmente, votos de esperança não têm sido capazes, por si sós, de apagar as externalidades negativas ou efeitos colaterais da IA, o que coloca uma responsabilidade nos ombros humanos da qual não é possível escapar.

De todo modo, penetrar no âmago do IA significa ratificar o fato de que o humano é uma criatura singular. Possui um conjunto de talentos que o torna único entre os animais e agora único também no confronto com os avanços da IA. O que faz do humano exatamente o que ele é? A plasticidade do comportamento humano torna essa unicidade possível. É isso que nos caracteriza. "O humano é único não só porque faz ciência, nem porque faz arte, mas porque a ciência e a arte são igualmente expressões da maravilhosa plasticidade da mente. O cérebro e o bebê representam justamente o ponto onde a plasticidade do comportamento humano começa" (BRONOWSKI, 1973, p. 412).

Na introdução deste livro, insinuei que conhecer os desenvolvimentos da IA deveria ser um modo de redescobrir o humano. A experiência da escritura dos capítulos que compõem este livro trouxe para mim a confirmação dessa insinuação. Espero que a mesma confirmação tenha igualmente chegado ao leitor que me acompanhou até aqui.

REFERÊNCIAS

AOUN, Joseph E. Robot-proof. Cambrigde, Mass.: MIT Press, 2017.

BENGIO, Yoshua. Entrevista concedida a Martin Ford. In: Martin Ford (ed.). *Architects of intelligence. The truth about AI from the people building it.* Birmingham: Packt Publishing, p. 17-36, 2018.

BOSTRON, N. Entrevista concedida a Martin Ford. In: Martin Ford (ed.). *Architects of intelligence. The truth about AI from the people building it.* Birmingham: Packt Publishing, p. 97-116, 2018.

BREAZAL, Cynthia. Entrevista concedida a Martin Ford. In: Martin Ford (ed.). *Architects of intelligence. The truth about AI from the people building it.* Birmingham: Packt Publishing, p. 445-461, 2018.

DEAN, Jeffrey. Entrevista concedida a Martin Ford. In: Martin Ford (ed.). *Architects of intelligence. The truth about AI from the people building it.* Birmingham: Packt Publishing, p. 475-485, 2018.

ETZIONI, Oren. Entrevista concedida a Martin Ford. In: Martin Ford (ed.). *Architects of intelligence. The truth about AI from the people building it.* Birmingham: Packt Publishing, p. 493-509, 2018.

FERRUCCI. David. Entrevista concedida a Martin Ford. In: Martin Ford (ed.). *Architects of intelligence. The truth about AI from the people building it.* Birmingham: Packt Publishing, p. 405-421, 2018.

GROSZ, Barbara J. Entrevista concedida a Martin Ford. In: Martin Ford (ed.). *Architects of intelligence. The truth about AI from the people building it.* Birmingham: Packt Publishing, p. 333-354, 2018.

HASSABIS, Demis. Entrevista concedida a Martin Ford. In: Martin Ford (ed.). *Architects of intelligence. The truth about AI from the people building it.* Birmingham: Packt Publishing, p. 163-182, 2018.

HINTON, Geoffrey. Entrevista concedida a Martin Ford. In: Martin Ford (ed.). *Architects of intelligence. The truth about AI from the people building it.* Birmingham: Packt Publishing, p. 71-95, 2018.

JOHNSON, Bryan. Entrevista concedida a Martin Ford. In: Martin Ford (ed.). *Architects of intelligence. The truth about AI from the people building it.* Birmingham: Packt Publishing, p. 511-525, 2018.

KOLLER, Daphne. Entrevista concedida a Martin Ford. In: Martin Ford (ed.). *Architects of intelligence. The truth about AI from the people building it.* Birmingham: Packt Publishing, p. 387-403, 2018.

LECUN, Yann. Entrevista concedida a Martin Ford. In: Martin Ford (ed.). *Architects of intelligence. The truth about AI from the people building it.* Birmingham: Packt Publishing, p. 119-142, 2018.

LI, Fei-Fei. Entrevista concedida a Martin Ford. In: Martin Ford (ed.). *Architects of intelligence. The truth about AI from the people building it.* Birmingham: Packt Publishing, p. 145-160, 2018.

MANYIKA, James. Entrevista concedida a Martin Ford. In: Martin Ford (ed.). *Architects of intelligence. The truth about AI from the people building it.* Birmingham: Packt Publishing, p. 271-302, 2018.

MARCUS, Gary. Entrevista concedida a Martin Ford. In: Martin Ford (ed.). *Architects of intelligence. The truth about AI from the people building it.* Birmingham: Packt Publishing, p. 305-330, 2018.

NG, Andrew. Entrevista concedida a Martin Ford. In: Martin Ford (ed.). *Architects of intelligence. The truth about AI from the people building it.* Birmingham: Packt Publishing, p. 185-205, 2018.

PEARL, Judea. Entrevista concedida a Martin Ford. In: Martin Ford (ed.). *Architects of intelligence. The truth about AI from the people building it.* Birmingham: Packt Publishing, p. 357-373, 2018.

RUS, Daniela. Entrevista concedida a Martin Ford. In: Martin Ford (ed.). *Architects of intelligence. The truth about AI from the people building it.* Birmingham: Packt Publishing, p. 253-268, 2018.

RUSSEL, Stuart J. Entrevista concedida a Martin Ford. In: Martin Ford (ed.). *Architects of intelligence. The truth about AI from the people building it.* Birmingham: Packt Publishing, p. 39-68, 2018.

TENENBAUM, Joshua. Entrevista concedida a Martin Ford. In: Martin Ford (ed.). *Architects of intelligence. The truth about AI from the people building it.* Birmingham: Packt Publishing, p. 473-491, 2018.

REFERÊNCIAS

AAAI Symposium Consciousness and Artificial Intelligence: Theoretical foundations and current approaches, Washington DC, 8-11 November 2007. Disponível em: http://www.consciousness.it/CAI/CAI.htm. Acesso: 20/07/2018.

ACCOTO, Cosimo. *O mundo dado. Cinco breves lições de filosofia digital*, Eliete da Silva Pereira (trad.). São Paulo: Paulus, 2020.

ALEKSANDER, Igor. *Impossible minds: My neurons, my consciousness* London: Imperial College Press, 1996.

____. Machine consciousness: Fact or fiction. In http://footnote1.com/machine--consciousness-fact-or-fiction/, 2014. Acesso: 10/03/2016.

____. Artificial neuroconsciousness an update . In *IWANN '96: Proceedings of the International Workshop on Artificial Neural Networks*, 1995, p. 566-583.

AGRAVAL, Ajay; GANS, Jushua; GOLDFARB, Avi. *Máquinas preditivas. A simples economia da inteligência artificial*, Wendy Campos (trad.). Rio de Janeiro: Alta Books, 2018.

ARMSTRONG, David M. The causal theory of mind. In *Nature of mind*, David Rosenthal (ed.). Oxford University Press.

BAARS, Bernard. *A_Cognitive_Theory of Consciousness*. Cambridge, MA: Cambridge University Press, 1988.

____. *In the Theater of Consciousness*, New York, NY: Oxford University Press, 1997.

BACON, Francis. *Novum Organun ou verdadeiras indicações acerca da interpretação da natureza*, José Aluysio Reis de Andrade (trad.). Pará de Minas: virtual Books Online M&M Editores Ltda, 2000-2003.

BLACKMAN, Reid. *Ethical machines. Your concise guide to totally unbiased, transparent, and respectful AI*. Cambridge, Mass.: Harvard Business Review Press, 2022.

BODEN, Margareth A. *Artificial intelligence and natural man*. Brighton: The Harvest Press, 1977.

____. *Inteligência artificial. Uma brevíssima introdução*, Fernando Santos (trad.). São Paulo: Unesp, 2020.

BRADDON-Mitchell, David e JACKSON, Frank. *Philosophy of mind and cognition*. Oxford: Blackwell Publishers, 1996.

BRAU, Bekki, Fox, Nathan, Robinson, Elizabeth. Behaviorism. *Education Research*. Disponível em: https://edtechbooks.org/education_research/behaviorismt. 2022. Acesso: 10/08/2022.

CASTORIADIS, Cornelius. *La institución imaginaria de la sociedad.* Barcelona: Tusquets Editores, 1975.

CHURCHLAND, Paul M. *Matter and consciousness. A contemporary introduction to a philosophy of mind.* Cambridge, Mass.: The MIT Press, 1988.

COECKELBER, Mark. *AI ethics.* Cambridge, Mass.: MIT Press, 2020.

COULDRY, Nick e MEJIAS, Ulises. *The costs of connection. How data is colonizing human life and appropriating it for capitalism.* Palo Alto: Stanford University Press, 2019.

CRAWFORD, Kate. *Atlas of AI. Power, Politics, and the Planetary Costs of Artificial Intelligence.* New Haven: Yale University Press, 2021a.

_____. AI is neither artificial nor intelligent. *The Guardian*, 2021b. Disponível em: https://www.theguardian.com/technology/2021/jun/06/microsofts-kate-
-crawford-ai-is-neither-artificial-nor-intelligent#:~:text=AI%20is%20
neither%20artificial%20nor%20intelligent.,make%20the%20system-
s%20appear%20autonomous.&text=Problems%20of%20bias%20have%20
been%20well%20documented%20in%20AI%20technology. Acesso: 10/08/2021b.

CRAWFORD, Kate e JOLER, Vladan. Anatomy of an AI system 1. In: Cosic, Vuk; Debatty, Régine e Joler, Vladan, *E-Relevance. The role of arts and culture in the age of artificial intelligence*, p. 110-141, 2021a.

_____. Anatomy of an AI system 2. In: Cosic, Vuk; Debatty, Régine e Joler, Vladan, E-Relevance. The role of arts and culture in the age of artificial intelligence, p. 234-235, 2021b.

DAMASIO, Antonio. *Descartes' error. Emotion, reason, and the human brain.* New York: Putnam Berkley Group Inc. 1994.

_____. *The feeling of what happens. Body and emotion in the making of consciousness.* New York: Harcourt, 1999.

_____. *Self comes to mind: Constructing the conscious brain.* London: Random House, 2010.

DENNET, Daniel. *Consciousness explained.* Boston: Little, Brown and Company, 1991.

DENNET, Daniel C e KINSBOURNE, Marcel. Time and the observer. The where and when of consciousness in the brain. *Behavioral and brain sciences* 15, 1992, p. 182-247.

DEVRIES, R. Vygostky, Piaget and education: A reciprocal assimilation of theories and educational practices. *New Ideas in Psychology, 18, p.* 187-213, 2000.

REFERÊNCIAS

DIJCK, José Van. Confiamos nos dados? As implicações da datificação para o monitoramento dos dados. *MATRIZES*, V.11 – N° 1 jan/abr, 2017.

DOMINGOS. *O algoritmo mestre*, Aldir José Coelho Corrêa da Silva (trad.). São Paulo: Novatec, 2017.

DURAND, Gilbert. *Estruturas imaginárias do imaginário*. São Paulo: Martins Fontes, 3ª. ed., 2002.

EDELMAN, Gerald M. *Bright air, brilliant fire*. New York: Basic Books, 1992.

EIMAS, Peter D. e GALABURDA, Albert M. Some agenda items for a neurobiology of cognition. An introduction. *Cognition*, 33:1-23, 1989.

EMMECHE, Claus. A semiotical reflection on biology, living systems and artificial life. *Biology and Philosophy* 6, p. 325-340, 1991.

EMMECHE Claus e HOFFMEYER Jesper. From language to nature: The semiotic metaphor in biology. *Semiotica* 84 (1/2), p. 1-42, 1991.

FLANAGAN, Owen. *The science of mind*. Cambridge, Mass.: The MIT Press, 1984.

FLORIDI, Luciano e CHIRIATTI, Massimo. GPT-3: Its Nature, Scope, Limits, and Consequences. *Minds and Machines* 30 (4), p. 681-694, 2020.

FODOR, Jerry A. *The Language of Thought*. New York: Crowell, 1975.

____. *The Modularity of Mind. An Essay on Faculty Psychology*. Cambridge, Mass.: MIT Press, 1983.

GANASCIA, Jean-Gabriel. *Inteligência artificial*, Reginaldo Carmello Corrêa de Moraes (trad.). São Paulo: Editora Ática, 1995.

GARDNER, Howard. *Estruturas da mente. A teoria das inteligências múltiplas*, Sandra Costa (trad.). Porto Alegre: Artes Médicas, 1994.

GILMAN, Nils e GANESH, Maya Indira. Making sense of the unknown: AI's metaphors. In: Cosic, Vuk; Debatty, Régine e Joler, Vladan, *E-Relevance. The role of arts and culture in the age of artificial intelligence*, p. 202-211, 2021.

GLEICK, James. *The information. A history, a theory, a flood*. New York: Random House, 2011.

GOSWAMI, Amit; REED, Richard E.; GOSWAMI, Maggie. *O Universo Autoconsciente. Como a consciência cria o mundo material*, Ruy Jungmann (trad.). 2a Edição, Rio de Janeiro: *Editora Rosa dos Tempos, 1998.*

GOTTFREDSON, L. S. Mainstream science on intelligence: An editorial with 52 signatories, history, and bibliography. *Intelligence*, 24(1), p. 13–23, 1997.

HARMAN, Gilbert. Some philosophical issues in cognitive science: Qualia, intentionality, and mind-body problem. In *Foundations of cognitive science*, Michael I. Posner (ed.). Cambridge, Mass.: The MIT Press, 1989, p. 831-848.

HAWKINS, Jeff. *On Intelligence.* Winona, MN: Owl Book, 2005.

HEAVEN, W. D. Open AI's new language generator GPT-3 is shockingly good— and completely mindless. *MIT Technology Review.* 2020. Disponível em: https://www.technologyreview.com/2020/07/20/1005454/openai-machine- -learning-language-generator-gpt-3-nlp/. Acesso: 30/08/2022.

HERNÁNDEZ, Alicia. Como funciona o LaMDA, cérebro artificial do Google 'acusado' por engenheiro de ter consciência própria. 2022. Em: https://www. bbc.com/portuguese/geral-61845144. Acesso: 20/06/2022.

HERR, Hugh e DENNIS, Robert G. A swimming robot actuated by living muscle tissue. *Journal of Neuro Engineering and Rehabilitation*, 1:6, 2004, p. 1-9.

HILL, Christopher S. *Consciousness.* Cambridge: Cambridge University Press, 2009.

HOEL, Erik. Superintelligence Vs. You. On the fanciful nature of our dark futures. Disponível em: https://medium.com/s/story/superintelligence-vs- -you-1e4a77177936. Acesso: 15/08/2019.

HOLMES, Wayne, BIALIK, Maya; FADEL, Charles. *Artificial Intelligence in education. Promises and implications for teaching & learning.* Boston, MA: The Center for Curriculum Redesign, 2019.

HUI, Yuk. *Tecnodiversidade*, Humberto do Amaral (trad.). São Paulo: Ubu Editora, 2020.

HWU, Tiffany J.; KRICHMAR, Jeffrey L. *Neurorobotics. Connecting the Brain, Body, and Environment.* Cambridge, Mass.: MIT Press, 2022.

IBM. O que é inteligência artificial? 2020. Disponível em: https://www.ibm.com/ br-pt/cloud/learn/what-is-artificial-intelligence. Acesso: 10/07/2022.

IEROPOULOS, Ioannis; MELHUISH, Chris e GREENMAN, John. Energeti- cally Autonomous Robots. In *Proceedings of the 8th Intelligent Autonomous Systems Conference* (IAS-8), Amsterdam, The Netherlands, 2004, p. 128-35.

JACKENDOFF, R. *Consciousness and the computational mind.* Cambridge, Mass: MIT Press, 1987.

____. *Languages of the Mind. Essays on Mental Representation.* Cambridge, Mass.: MIT Press, 1992.

____. *Patterns in the Mind.* New York: Basic Books/Harper, 1994.

JOHNSON-LAIRD, Philip. *Mental models.* Harvard University Press, 1983.

JOHN-STEINER, Vera e SOUBERMAN, Ellen. Posfácio. In: Vygostky, L. S. *A formação social da mente. O desenvolvimento dos processos psicológicos superiores.* São Paulo: Martins Fontes, p. 137-150, 1984.

REFERÊNCIAS

KARNIEL, A; FLEMING, K. M, SANGUINETI, V.e ALFORD, S. T. Dynamic properties of the lamprey's neuronal circuits as it drives a two-wheeled robot. In: *Proceeding of the SAB'2002 Workshop on Motor Control in Humans and Robots: on the interplay of real brains and artificial devices*, J. M. Carmena e G. Maistros (eds.). Edinburgh, Scotland, p. 29-36, 2002.

KAUFMAN, Dora. A ética e a inteligência artificial. *Valor Econômico*, 21/12/2017.

____. *Desmistificando a inteligência artificial*. Belo Horizonte: Autêntica, 2022a.

____. Tuskegee Experiment: Inspiração para frear a disseminação da IA sem ética. *Época Negócios*, 30/09/2022b.

KEARNS, Michael e ROTH, Aaron. *The ethical algorithm: The science of socially aware algorithm design*. Oxford University Press, 2019.

KHALFA, Jean (org.). *A natureza da inteligência*, Luiz Paulo Rouanet (trad.). São Paulo, Unesp, 1995.

KHALFA, Jean. Introdução. In: Khalfa, Jean (org.). *A natureza da inteligência*. São Paulo, Unesp, p. 7-17. 1995.

KHUN, Thomas. *A estrutura das revoluções científicas*, Beatriz Vianna Boeira e Nelson Boeira (trads.). São Paulo: Perspectiva, 1975.

KITTLER, Friedrich A. *Gramofone, filme, typewriter*. Belo Horizonte/Rio de Janeiro: Editoras UFMG/UERJ, 2019.

KIRSHNER, David e WHITSON, James A. *Situated cognition*. New Jersey: Lawrence Erlbaum Associates, Publishers, 1997

KOENE, Randal, A. AGI and Neuroscience: Open Sourcing the Brain. Em https://www.researchgate.net/publication/221328887_AGI_and_ Neuroscience_Open_Sourcing_the_Brain, 2011. Acesso: 10/03/2016.

KOHN, Eduardo. *How forests think: Toward an anthropology beyond the human*. Berkeley: University of California Press, 2013.

LEE, Kai-Fu. *Inteligência artificial. Como os robôs estão mudando o mundo, a forma como amamos, nos relacionamos, trabalhamos e vivemos*, Marcelo Barbão (trad.). Rio de Janeiro: Globo Livros, 2019.

LEGG, Shane. 71 definitions of intelligence. Em:https://www.calculemus.org/ lect/08szt-intel/materialy/Definitions%20of%20Intelligence.html, s/d. Acesso: 25/06/2022.

LEGG, Shane e HUTTER, Marcus. Universal intelligence. A definition of machine intelligence. Em: Universalhttps://arxiv.org/pdf/0712.3329.pdf, 2007. Acesso: 30/08/2022.

LEVY, Steven. Dr. Edelman's brain. *Annals of science. The New Yorker*, May 2, 1994, p. 62-73.

MACDERMOTT, Drew. Artificial intelligence and consciousness. In *The Cambridge handbook of consciousness*, Philip David Zelazo, Morris Moscovitch e Evan Thompson (eds.). Cambridge University Press, 2007, p. 117-150.

MACGINN, C. *Mental content*. Oxford: Blackwell Publ., 1990.

MACHADO, Arlindo. *Máquina e imaginário. O desafio das poéticas tecnológicas*. São Paulo: Edusp, 1993.

MAFFESOLI, Michel. *O tempo das tribos. O declínio do individualismo nas sociedades de massa*, Maria de Lourdes Menezes (trad.). São Paulo: Forense Universitária, 1987.

MAHESHWARI, V. K. Gestalt theory – The insight learning. Disponível em: http://www.vkmaheshwari.com/WP/?p=1841, 2015. Acesso: 10/08/2022.

MANZOTTI, R. From artificial intelligence to artificial consciousness. In: A. Chella e R. Manzotti (eds.). *Artificial consciousness*. London: Imprint Academic.

MATTOS, J. C. Valladão de. *A ilusão da matéria*. São Paulo: Editora Biblioteca 24horas, 2015.

MELTZOFF, Andrew N., KUHL, Patricia K., MOVELLAN, Javier e SEJNOWSKI, Terence J. Foundations for a New Science of Learning. *Science*. 325(5938), p. 284-288, 2009.

MUEHLHAUSER, Luke. What is intelligence. *Machine Intelligence Research Institute*. 2013. Disponível em: https://intelligence.org/2013/06/19/what-is--intelligence-2/. Acesso: 25/06/2022.

MUELLER, John Paul; MASSARON, Luca. *Inteligência artificial para leigos*, Alberto Gassul Streicher (trad.). Rio de Janeiro: Alta Books, 2020.

NISSON, Nils J. *The quest for artificial Intelligence. A history of ideas and achievements*. Cambridge University Press, 2010.

NÖTH, Winfried. Introduction to the study of human and nonhuman consciousness with Peirce. In: *Transobjeto*. Disponível em: https://transobjeto.wordpress.com/, 2018.

PAPE, Helmut. Final causality in Peirce's semiotics and the classification of the sciences. *Transactions of the Charles S. Peirce Society*, vol. 29, 1993, p. 581-607.

PARIKKA, Jussi. *A geology of media*. Minneapolis: University of Minnesota Press, 2015.

REFERÊNCIAS

PARMENTIER, Richard J. (1985). Sign's place in medias res: Peirce's concept of semiotic mediation. In:, Mertz, Elizabeth; Parmentier, Richard J. (eds.), *Semiotic Mediation*. Orlando: Academic Press, 1985, pp. 23-48.

PEIRCE, Charles S. *Collected Papers of Charles S. Peirce*. 8 vols. Ed. by Charles Hartshorne and Paul Weiss (vols. 1-6) and Arthur Burks (vols. 7-8). Cambridge, MA: Harvard University Press, 1931-58 (citado como CP, seguido pelo número do volume e parágrafo).

____. *The Charles S. Peirce Papers*, 30 rolos, microfilmed, Cambridge, MA: The Houghton Library of University Microproduction, 1963-66 (citado como MS, seguido do número do manuscrito de acordo com Robin, comp. 1967).

____. *The Writings of Charles S. Peirce*. 7 vols. Vol. 1, ed. Max Fisch et at., vol. 2, ed. Edward C. Moore et al., vols. 3-5, eds. Christian Kloesel et al., vol. 6 and 8, ed. Peirce Edition Project. Bloomington, IN: Indiana University Press, 1980-2010 (citado como W, seguido de número de volume e de página).

PLANTAS TÊM MEMÓRIA. Portugal Mundial. Disponível em: http://portugalmundial.com/plantas-tem-memoria-sentem-dor-e-sao-inteligentes/. Acesso: 10/10/2021.

PAULSEN, O. e SEJNOWSKI, T. J. Natural patterns of activity and long-term synaptic plasticity. *Current opinion in neurobiology* 10(2), p. 172–179, 2000.

PIAGET, Jean. *A epistemologia genética*, Nathanael C. Caixeiro (trad.). Rio de Janeiro: Vozes, 1971.

PIAGET'S THEORY OF EDUCATION. *The Education Hub*. http://theeducationhub.org.nz/piagets-theory-of-education/. 2021. Acesso: 30/07/2022.

POLLAN, Michael. *O dilema do onívoro*, Cláudio Figueiredo (trad.). Rio de Janeiro: Editora Intrínseca Ltda., 2006.

POTTER, Steve. M.; MADHAVAN, R. e DE MARSE, T. B. Long-term bidirectional neuron interfaces for robotic control, and in vitro learning studies. *Engineering in Medicine and Biology. 25th Annual International Conference of the IEEE*, Cancun, vol. 4, 2003, p. 3690-3693.

PRIGOGINE, I.; STENGERS, I. *Order out of chaos*. London: Heinemann, 1984.

RANSDELL, Joseph. Some Leading Ideas of Peirce's Semiotic. *Semiotica* 19:3/4, p. 157-178, 1977.

ROSENSOHN, William. *The phenomenology of Charles S. Peirce*. Amsterdam: B. R. Grüner, 1974.

RUSSELL, Stuart J.; NORVIG, Peter. *Artificial intelligence*. A modern approach. 3a. ed. New Jersey: Prentice Hall, 2010.

SANTAELLA, Lucia. Matrizes da linguagem e pensamento. Sonora, visual, verbal. São Paulo: Iluminuras/Fapesp, 2001.

____. Navegar no ciberespaço. O perfil cognitivo do leitor imersivo. São Paul: Paulus, 2004a.

____. *O método anticartesiano de C. S. Peirce*. São Paulo: Unesp, 2004b.

____. A onipresença invisível da inteligência artificial. In: Santaella, Lucia (org.). *Inteligência artificial & redes sociais*. São Paulo: Educ, p. 11-26, 2019.

____. *Humanos hiper-híbridos. Linguagens e cultura na segunda era da internet*. São Paulo: Paulus, 2021.

____. *Neo-humano. A sétima revolução cognitiva do Sapiens*. São Paulo: Paulus, 2022.

SANTAELLA, Lucia e NÖTH, Winfried. *Comunicação e semiótica*. São Paulo: Hacker, 2004.

SANTOSUOSSO, Amadeo e BOTTALICO, Barbara. Neuroscience, Accountability and Individual Boundaries. Frontiers in human neurosciences 3:45. Em

http://www.ncbi.nlm.nih.gov/pmc/articles/PMC2807750/, 2009. Acesso: 10/03/2016.

SANZ, Ricardo. Design and implementation of an artificial conscious machine. In *IWAC*-2005, Agrigento.

SARTRE, J. P. *L'imaginaire*. Paris: Gallimard, 1940. Tradução para o português: *O imaginário*. São Paulo: Abril Cultural, 1978.

SCHANK, Roger e BIRNBAUM, Lawrence. Aumentando a inteligência. In: Khalfa, Jean (org.). *A natureza da inteligência*. São Paulo, Unesp, p. 77-109, 1995.

SEJNOWSKI, Terrence J. *A revolução do aprendizado profundo*, Carolina Gaio (trad.). Rio de Janeiro: Alta Books, 2019.

SEJNOWSKI, Terrence e CHURCHLAND, Patricia Smith. Brain and cognition. In *Foundations of cognitive science*, Michael I. Posner (ed.). Cambridge, Mass.: The MIT Press, 1989, p. 301-356.

SINGH, Shilpi e PRASAD, S. V. A. V. Techniques and challenges of face recognition: A critical review. *Procedia Computer Science* 143, 2018, p. 536-543.

SKINNER, B. F. *O comportamento verbal*, Maria da Penha Villalobos (trad.). São Paulo: Cultrix, 1973.

SOUZA, Iara Maria de Almeida. Recensão. *Horizontes Antropológicos,* Porto Alegre, ano 21, n. 43, p. 411-416, jan./jun. 2015

REFERÊNCIAS

SRNICEK, Nick. *Platform capitalism*. London: Polity Press, 2017.

STEINER, Pierre. C. S. Peirce and artificial intelligence: Historical heritage and (new) theoretical stakes. In Vincent C. Müller (ed.). *Philosophy and theory of artificial intelligence*. Berlin: Springer, p. 265-276, 2013.

STERNBERG, Robert R. (ed.) *Handbook of intelligence*. Cambridge, Mass.: Cambridge University Press, 2000.

STICH, S. (1994). *Mental representation*. New York: Blackwell Publ.

STUBENBERG, Leopold. *Consciousness and qualia*. Amsterdam: John Benjamin Publishing Co., 1998.

TEGMARK, Max. Life 3.0. Being human in the age of Artificial Intelligence. NY: Penguin Books, 2017.

TEIXEIRA, João de Fernandes. *Mentes e máquinas. Uma introdução à ciência cognitiva*. Porto Alegre: Artes Médicas, 1998.

____. *Mente, cérebro e cognição*. Petrópolis: Vozes, 2000.

TAULLI, Tom. *Introdução à inteligência artificial. Uma abordagem não técnica*, Lucia do Amaral Teixeira (trad.). São Paulo: Novatec, 2020.

THOMPSON, Evan. *Mind in life. Biology, phenomenology, and the science of mind*. Cambridge, Mass.: Cambridge University Press, 2007.

TOLMAN, E. C. *Theories of learning*. In F. A. Moss (ed.), *Comparative psychology*. Prentice-Hall, Inc, 1934, 3ª. ed., p. 367-408, 1997.

VARELA, Francisco J., THOMPSON, Evan e ROSCH Eleanor. *The embodied mind. Cognitive science and human experience*. Cambridge, Mass.: The MIT Press.

VARGAS, P. A; DI PAOLO, E. A.; HARVEY, I.; HUSBANDS, P. *The Horizons of Evolutionary Robotics*. Cambridge, Mass.: MIT Press, 2022.

VYGOTSKY, L. S. *Pensamento e linguagem*, M. Resende (trad.). Lisboa: Edições Antídoto, 1979.

____. *A formação social da mente. O desenvolvimento dos processos psicológicos superiores*, José Cipolla Neto, Luís Silveira Menna Barreto e Solange Castro Afeche (trads.). São Paulo: Martins Fontes, 1984.

WEBB, Amy. *Os nove titãs da IA. Como as gigantes da tecnologia e suas máquinas pensantes podem subverter a humanidade*, Cibelle Ravaglia (trad.). Rio de Janeiro: Alta Books.

WOHLLEBEN, Peter. *The hidden life of trees. What they feel, how they communicate. Discoveries from a secret world*, Jane Billinghurst (trad.). Vancouver/Berkeley: Greystone Books, 2016.

ZIEMKE, Thomas. The Construction of 'Reality' in the Robot. *Foundations of Science*, 6(1), 2001, p. 163-233.

ZUBOFF, Shoshana. *The age of surveillance capitalism. The fight for a human future at the new frontier of power.* London: Profile Books, 2019.